政治与公共管理类系列实验教材

电子政务实验教程

The Experimental Instructions to E-Government

主编 王少辉　　副主编 付小刚

WUHAN UNIVERSITY PRESS
武汉大学出版社

图书在版编目(CIP)数据

电子政务实验教程/王少辉主编. —武汉:武汉大学出版社,2010.6
政治与公共管理类系列实验教材
 ISBN 978-7-307-07646-4

 Ⅰ.电… Ⅱ.王… Ⅲ.电子政务—高等学校—教材
Ⅳ.D035.1 −39

中国版本图书馆 CIP 数据核字(2010)第 037832 号

责任编辑:胡国民   责任校对:黄添生   版式设计:王 晨

出版发行:**武汉大学出版社**   (430072   武昌   珞珈山)
      (电子邮件:cbs22@whu.edu.cn   网址:www.wdp.com.cn)
印刷:湖北省荆州市今印印务有限公司
开本:720×1000   1/16   印张:15.25   字数:262 千字   插页:1
版次:2010 年 6 月第 1 版   2010 年 6 月第 1 次印刷
ISBN 978-7-307-07646-4/D·986   定价:24.00 元

前　　言

　　随着信息技术的发展，特别是互联网技术的普遍应用，国家信息化建设已成为提升一个国家或地区综合竞争力的重要因素。在我国当前的国民经济和社会信息化建设中，政府信息化居于首要地位，作为政府信息化核心的电子政务建设是推动国民经济和社会信息化的龙头工程。党的十七大对加快推进信息化特别是电子政务建设提出了新的要求，明确提出要"推行电子政务，强化社会管理和公共服务"，还要"推进决策科学化、民主化，完善决策信息和智力支持系统"，增强决策透明度和公众参与度。加快电子政务建设是贯彻落实十七大精神、深化行政管理体制改革的重要内容，也是实现政府管理现代化的必由之路。随着电子政务建设实践的不断发展，培养专门的电子政务建设人才成为我国高等教育亟待解决的问题。电子政务是信息技术与管理科学相结合的产物，电子政务相关课程的教学必须高度重视理论联系实际，必须适应电子政务实践发展的最新要求。通过电子政务课程的教学，不仅要使学生掌握相关的理论知识，更重要的是要使学生了解电子政务的实践发展，以及如何将相关的理论知识和管理理念融入电子政务的实践工作中去。

　　基于上述理念，本实验教程由两编内容组成。第一编为电子政务实验基础理论知识部分。通过对该部分的学习，可以了解电子政务的网络结构和应用模式、国家电子政务总体框架和电子政务流程管理等与电子政务实验密切相关的基础理论知识，从而为进行电子政务实验操作打下良好的理论基础。第二编为电子政务实验操作部分，该部分内容是本教程的重点。在这一部分中，根据电子政务应用对象的不同，分别介绍了政府办公自动化管理、国有资产管理、政府电子采购、行政审批管理、政府网站建设等不同类型电子政务应用的具体内容和操作步骤。对每一个实验项目都提出了明确的实验目的和要求，对重要的实验操作步骤通过操作截图的形式进行了详细说明，并且每一个实验项目都附有相应的实验题，以供实验者对有关实验内容进行进一步的练习，达到融会贯通的目的。

　　本教程大部分实验操作都是基于南京奥派信息技术有限责任公司开发的电

1

子政务教学实践平台，在有关实验项目操作步骤的编写过程中，参考了该电子政务教学实践平台的操作手册。此外，本教程的编写还参阅了很多有关电子政务的研究文献。在此向南京奥派信息技术有限责任公司和有关文献的作者表示衷心的感谢！本教程由王少辉主编并统稿，付小刚为副主编。具体分工为：付小刚负责第一章、第二章、第三章的编写；王少辉负责第四章、第五章、第六章、第七章的编写。

　　本教程既可以作为高等学校电子政务课程的实验教学用书和国家公务员培训的教材，也可用于对电子政务实践应用感兴趣的其他读者研习参考。由于编写时间和作者水平的限制，本书不当之处恐难避免，敬请读者批评指正。

王少辉

2009 年 10 月

目　录

第一编
电子政务实验基础理论知识

第一章 电子政务的网络结构和应用模式

第一节 电子政务的网络结构

一、政务内网、政务外网和互联网

　　1999 年我国启动了大规模的政府上网工程，电子政务因此走上了迅速发展的道路。2000 年 5 月，国务院办公厅提出用三年左右的时间在全国政府系统建成"三网一库"。"三网"是指政务内网、政务外网和政务专网，"一库"是指办公业务资源库，包括人口、法人单位、空间地理和自然资源、宏观经济四个基础数据库。在此基础上，2002 年 8 月，国家信息化领导小组下发《关于我国电子政务建设的指导意见》，提出要建设"统一的电子政务内外网络平台"。其中规定，电子政务网络由政务内网和政务外网构成，两网之间物理隔离，政务外网与互联网之间逻辑隔离。文件发布以后，成为各地各部门建设电子政务网络的参照标准，其网络结构如图 1-1 所示。

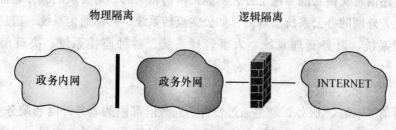

图 1-1　电子政务的网络结构

二、政务外网和政务内网的功能

（一）政务外网及其功能

所谓政务外网，就是指政府通过网络运行不涉及国家机密的行政监管和公共服务所需要的专业性服务的政务业务网。政务外网上运行的业务为互联网上政府门户网站的信息发布提供了业务审批和运行机制，它与传统意义上的办公业务网相对应。

具体说来，政务外网将实现四个功能：网上信息发布、网上信息交换、网上办公服务和"一站式"服务。

1．网上信息发布

政务外网的一项重要功能，就是对在互联网上公布的信息进行管理，这是电子政务发展初级阶段的一项重要功能。以前这些信息都是通过纸质媒介来进行公开的，资源耗费比较严重，通过政务外网和互联网来发布，节省了大量的人力、物力。这些公开的政务信息在发布前需要经过政府部门的严格审查。

2．网上信息交换

网上信息交换有两类：一类是单向交换，例如将政务外网中流转和审批所需要的表格放在政府门户网站上，允许公众从网站下载这些表格；另一类是双向交换，也就是政府与公众之间的双向互动式交流，例如用户可以在互联网上取得并填完报税表格，然后通过网上提交程序将表格信息转入政务外网，政府对表格信息进行处理，然后将处理结果及时通过互联网发布，供申请者查询。

3．网上办公服务

上述信息交换功能与网上办公功能是密切相关的，对公众的服务通常是要通过政务外网的办公系统实现的，如公文流转系统、内部通信系统、信息与知识管理系统、财务管理系统、人事管理系统、各种监控系统、决策信息系统等。

4．"一站式"服务

所谓"一站式"服务，就是通过整合不同政府部门的政务外网和政务资源，实现从一个入口为公众提供所有的电子化公共服务。对于公众来说，只要想与政府打交道，都可以从这个入口开始其业务流程。加拿大、新加坡等电子政务先进国家都已经实现了"一站式"服务，中国也正在朝这个方向努力。

电子政务外网建设的主要任务是搭建一个服务平台。其建设的总体目标是基于国家公用基础通信设施，充分整合、利用现有资源，建设覆盖全国各级政务部门的网络平台和服务体系。这种服务包括政府网络规划与接入管理、地址与域名管理、数据共享环境、确定安全策略、构建政府外网专用安全保障体系、特定的政府用户支持服务等。这些是公共电信运营商不能或无法提供的服务。具体来讲，电子政务外网的建设内容可以归结为以下五个方面：

（1）建立政府专网网络规划与接入管理中心。利用这个平台，基于公共电信基础网络和其他可利用的网络资源，组建覆盖中央和地方的政务外网体系和网络服务中心，建立政务外网标准规范体系，统一规划政务外网的 IP 地址和域名，对接入的部门网络进行登记、注册和管理。

（2）部署业务应用支撑平台。在平台上发布相关标准规范，依据需要部署应用支撑平台及其通用接口。

（3）构建信息共享环境。合理选择并建设政务数据中心，提供主机托管、代理维护等服务，并充分利用数据中心的设施，建立灾难备份体系、信息资源目录体系和交换体系，实现信息资源的登记与管理，满足各部门资源共享和信息交换的需求。

（4）在国家有关主管部门的指导下，确定政务外网统一安全策略，建设信息安全基础设施，构建统一的网络防护体系和统一的信任体系，保障政务外网安全可靠地运行。

（5）服务中心的建设。政务外网的可持续发展，管理服务体系至关重要。事实上，以政务外网为核心的管理服务体系建设，将是政务外网建设的重要组成部分，管理服务体系的完善将贯穿于政务外网的全过程。

案例 1-1 唐山市电子政务公务外网体系结构

唐山市电子政务公务外网体系结构如图 1-2 所示。公务外网的体系结构分为基础层、支撑层和应用层。基础层指公务外网的网络设备和传输链路；支撑层包括服务器系统、操作系统、数据库系统和应用系统支撑环境；应用层包括政府门户网站、公文流转系统、应急联动系统、移动办公系统及其他应用系统。视频会议支撑平台、视频点播与广播系统、IP 电话系统、IP 呼叫中心直接运行在网络平台上。网络管理系统和安全保障体系保证全网的网络管理和安全可靠运行。

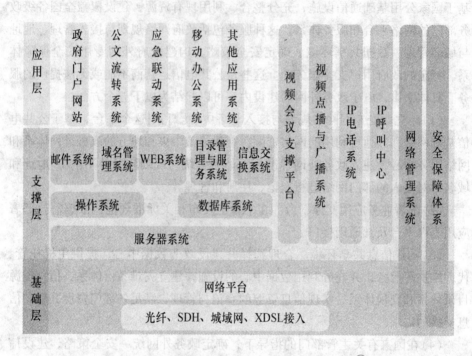

图1-2　唐山市电子政务公务外网体系结构[①]

(二)政务内网及其功能

所谓政务内网，就是一定级别以上的政府部门的内部办公网，它与该级别以下的政务部门办公网实行物理隔离。内网中运行国家涉密信息、高敏感度内容、核心办公业务数据等，主要解决副省级以上政府部门的内部办公问题，同时还负责这些政府部门内部的信息管理，以及提供决策支持等。在政务内网上运行的主要是政府的核心业务流，因此，政务内网的建设是以核心业务流为主线，给政府重新"梳一次辫子"，帮助政府抓核心业务。目前政务内网的边界仍然存在模糊的地方，从中央到省一级已基本明确，但从省以下各级政府，如市、县，甚至乡镇，由于没有统一的规定，在不同程度上都建有政务内网。根

---

① 金凤广，李树鹏. 唐山市电子政务公务外网设计分析[J]. 计算机世界，2006-11-5.

据国家信息化领导小组的规定，内网建设的目的主要是为了保证内网信息的安全，而越到基层政府国家机密越少，因此，应当坚持内网最小化的原则。地市级以下政府可以不建专门的内网，而把办公网挂在政务外网上。如果在本来不一定非要构建内网的基层政府也构建庞大的政府内网系统，不仅会造成资金的不必要投入，而且还给未来的对外管理与服务带来很多困难。

1. 政务内网的主要功能

（1）办公自动化。办公自动化的内容有很多，如公文处理、电子邮件、签到管理、会议会务管理、信息资料管理、档案管理、领导活动日程安排等。

（2）领导辅助决策。在内网中运行的多是涉及国家秘密和政府核心业务的数据，这些数据主要是通过全国各地各级部门的直接采集而得到的，通过专家和领导辅助决策系统的综合处理后，可以有效地帮助领导实施优良决策和优良管理。

（3）应急指挥。我国各政府部门之间长期以来缺乏有效的信息资源共享机制，部门之间各自为政，这就导致在处理突发事件时，主管部门往往缺乏其他相关部门的协作与支持，难以及时、有效地处理问题。建立政务内网后，各部门之间的关键数据将实现充分的共享，在出现突发事件时可为应急指挥提供有力的决策支持。

（4）信息安全。政务内网包含国家涉密信息和高敏感度信息，因此信息安全问题就特别重要。相对于外网来说，信息安全成为政府内网的一项关键功能。根据网络的特点，其信息安全的类别有：涉及国家机密的文件信息、涉及本行业的机密信息、不确定的信息、公开发布的信息。

2. 政务内网建设的主要内容

（1）协同办公平台。随着政府信息化工作的加强，内网中对网络化业务的需求将会越来越多。各业务系统之间如何方便、灵活地实现信息共享和业务流转，已成为电子政务有效实施的重要环节。一方面，协同办公平台通过规范化、标准化的数据交换、工作流、信息流等机制提供了统一监管的政务应用模式，包括统一的用户管理、授权认证、图形化的业务和应用管理以及智能化的个性设置。为消除由于应用范围、构建方式、数据资源等方面所产生的各应用系统间的差异，单个应用系统只要建立与协同办公平台的链接，就可以同联入协同办公平台的其他应用系统进行交互，实现对各类应用系统的有效整合和集中管理，进而使内部办公业务系统从一个相对封闭的内部应用扩展为一个网络化的应用系统。另一方面，协同办公平台通过统一门户为政府内部工作人员提供对于各个应用系统的统一访问入口以及智能化、个性化的办公服务。协同办公平台要求集安全性、稳定性、开放性、兼容性、易维护性等特性为一体。

（2）各类应用系统，主要包括办公自动化系统和决策支持系统。办公系统以现代计算机技术和通信技术为主要手段，以事务处理、信息管理为基本内容，其建设运行后的最终目标是建成以电子信息资源为核心，能为领导和各级机关人员办公、决策提供综合支持的人机交互平台。办公系统以图文并茂的形式实现对政府部门的公文、计划、人力资源、各种日常活动等方面的综合管理功能，使政府办公达到自动化、电子化、智能化的要求，从而在根本上克服了办公信息上传下达过程中的障碍，加强了相互之间的沟通，为政府机关的科学决策提供了有效手段。

决策支持系统以数据仓库、联机分析处理和数据挖掘结合而形成，能够有效解决人们在利用信息价值方面的问题。其中数据仓库能够实现对决策主题数据的存储和综合；联机分析处理进行多维数据分析；数据挖掘用以挖掘数据仓库中的知识。它们集成的综合决策支持系统，能相互补充、相互依赖，发挥各自的辅助决策优势，实现更有效的分析决策支持。

（三）政务内网与外网的关系

政务内网与政务外网是电子政务网络中两个独立的网络，二者之间存在着如下区别：业务类型和重要程度不同；适用的级别不同；安全要求的级别不同；主要的服务对象不同。

在实际运作过程中，政务内网、政务外网与互联网三者之间又是密不可分的。对一个普通公众来说，他直接面对的只是互联网上的政府网站，但是他所要办理的业务经过了由互联网—政务外网—政务内网—政务外网—互联网这样一个循环。举例来说，一个公民如果在网上进行投资业务申请，他自己只需要两个步骤：一是网上咨询和申请，二是到"一站式"大厅领取结果。但整个网上审批过程则包括：接受互联网申报、政务外网审批、各委办局联合办公、专业数据报送等几个环节，三个网络一起运行，协同完成业务。

该项业务在三个网络之间的具体流程是这样的：用户通过互联网提交申请，并通过政府门户网站查看自己所申办业务的处理情况；该业务的主要承办部门，各级审批业务人员通过政务外网实现对用户申请材料的网上审批过程；当该项审批业务涉及其他委办局的联合审批过程时，则该申请材料将通过政务外网传输到相应的其他委办局进行办理；如果某项审批中出现了涉密的申请信息，则此项申请的数据将通过相关安全设备进入物理隔离的政务内网进行流转。

从上文分析可以看出，在电子政务的应用中，外网、内网和互联网之间进行着频繁的信息交换。然而对于内网而言，其数据信息具有一定的机密性，我们又不希望这些信息直接暴露在对外环境中。既要保证网际信息交换的畅通，又要保证内网信息的安全，一个有效的解决方案是在内网与外网之间设置安全岛，以安全岛的部署来实现政务内网与政务外网之间信息的过滤，并保持二者的物理隔离，从而达到信息安全交换的目的。安全岛作为一个过渡网络，处在内网和外网相交的边界位置，一方面将内网与外网物理隔离断开，以防止外网中黑客利用漏洞等攻击手段进入内网；另一方面又完成数据的中转，在其安全策略的控制下安全地进行内外网间的数据交换。

隔离网闸（GAP）技术是实现安全岛的关键技术，它如同一个高速开关在内外网间来回切换，同一时刻内外网之间没有连接，处于物理隔离状态。在此基础上，隔离网闸作为代理从外网的网络访问包中抽取出数据然后通过反射开关转入内网，完成数据中转。在中转过程中，隔离网闸会对抽取的数据进行应用层的协议检查、内容检测，也会对 IP 包地址实施过滤控制。隔离网闸采用了独特的开关切换机制，因此，在进行这些检查时网络实际上处于断开状态，只有通过严格检查的数据才有可能进入内网，即使黑客强行攻击了隔离网闸，由于攻击发生时内外网始终处于物理断开状态，黑客也无法进入内网。另一方面，由于隔离网闸仅抽取数据交换进内网，因此，内网不会受到网络层的攻击，这就在物理隔离的同时实现了数据的安全交换。以隔离网闸技术为核心，通过添加 VPN 通信认证、加密、入侵检测和对数据的病毒扫描，就可构成一个在物理隔离基础上实现安全数据交换的信息安全岛。

案例1-2　上海市静安区政务内外网解决方案（见图 1-3）

上海市静安区政府外网门户网站（政府外部网）和静安区政府内网公共信息平台（内部网），将充分利用公共信息平台中的数据交换平台功能，实现系统间的数据映射和代码转换，同时采用"安全岛"方式，以实现内外网数据交换。

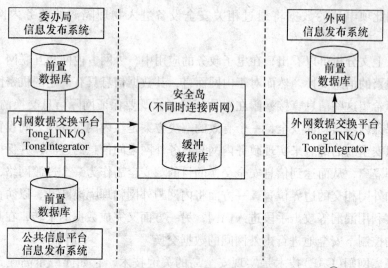

图1-3   上海市静安区政务内外网解决方案示意图[1]

第二节   电子政务的应用模式

根据电子政务服务对象的不同，可以把电子政府的应用模式分为四种：政府对政府（G to G）模式、政府对企业（G to B）模式、政府对公民（G to C）模式和政府对雇员（G to E）模式，下面分别予以介绍。

一、政府对政府（G to G）模式

政府对政府（G to G）的电子政务模式，又称作 G2G 模式，它主要是指政府之间的电子政务应用，其目的是为不同政府部门之间的电子数据交换创造条件，包括设定统一的数据接口、制定规范的协议等。政府的职能是协调社会这个复杂而庞大的系统，所以涉及部门的数量之多，是任何其他机构所无法比拟

---

① 东方通科技发展有限责任公司. 东方通助上海静安区政府门户网络信息发布系统［EB/OL］．［2006-02-07］. http://solution. weaseek. com/2006/02/07/13729560. shtml.

的。而大多数政府业务的处理都需要不同部门之间的沟通和协作。如何加强部门之间的沟通和协作，无论在理论上还是实践中都是亟待解决的问题。G2G就是实现上下级政府之间以及不同政府部门之间沟通与协作的电子政务系统，主要包括信息交换、信息共享、业务协同等。信息交换是实现 G2G 的第一步，其主要内容是部门之间的公文流转；随着信息交换的成熟，G2G 电子政务进入信息共享阶段，主要包括部门之间数据库的共享以及公用数据库的建设；而业务协同是 G2G 的最终目标，通过业务协同实现政府一体化的运转。在实践中，这三个部分可以分阶段地实行。在中国目前阶段，G2G 可以包括以下一些内容：

1. 电子法规政策系统

政府有关部门可以将相关的现行有效的各项法律、法规、规章、行政命令和政策规范发布到网站上，或者利用电子手段发送给相应的政府部门及工作人员，使所有的政府机关和工作人员可以真正做到有法可依、有法必依。

2. 电子公文系统

在保证信息安全的前提下在政府上下级之间、政府部门之间传送有关政府公文，如报告、请示、批复、公告、通知、通报等，使政务信息能够十分快捷地在政府间和政府内部流转，以提高政府公文处理的速度。

3. 电子司法档案系统

政府司法机关将有关的司法信息在相关部门内进行分享，如公安机关的刑事犯罪记录、检察机关的检察案例、审判机关的审判案例等，政府通过共享信息改善司法机关的工作效率，并提高司法人员的综合能力。目前我国公安机关建设的网上追逃系统、检察机关建设的行贿黑名单等系统，在政府部门之间实施信息共享机制，取得了良好的社会效应。

4. 电子财政管理系统

向各级国家权力机关、审计部门和相关机构提供分级、分部门历年的政府财政预算及执行情况，包括从明细到汇总的财政收入、开支、拨付款数据以及相关的文字说明和图表，以便于有关领导和部门及时掌握和监控财政状况。近年来审计工作的加强和各单位大力推行电子财政管理有着非常密切的关系。

5. 电子绩效评估系统

政府有关部门按照事先设定的任务目标、工作标准和完成情况，利用电子网络手段对政府各部门的工作业绩进行科学的测量和有效的评估，从而能够及时、准确地掌握政府各部门的工作效率及工作完成情况。

案例 1-3　北京市企业信用信息系统

北京市企业信用信息系统是以北京市工商行政管理部门的企业登记注册信息和日常监督管理信息为基础，以市政府各有关部门和本市各级司法机关提供记录的各类企业信用信息为内容，为市政府各部门监督管理企业行为提供依据，依托首都公用信息平台，通过"首都之窗"网站及市有关部门网站为社会各界查询企业信用信息提供服务的计算机管理系统，如图1-4所示。

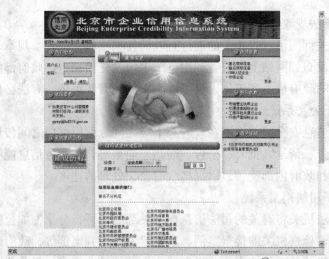

图 1-4　北京市企业信用信息系统①

二、政府对企业(G to B)模式

政府对企业的电子政务是指政府通过电子网络系统来精简管理业务流程，为企业提供快捷的服务。和传统的办公方式相比，政府从被动服务转为主动服务，企业可以不受时间、地点的限制，从而掌握和了解政府的方针政策，享受政府为企业提供的各项服务，并接受政府的监督管理。它包括如下一些内容：

1. 电子证照办理

企业可以通过互联网向政府有关部门申请办理各种证件和执照，从而达到

---

① 网址见：http://sajj.hefei.gov.cn/n1070/n30459/n316398/4397529.html。

缩短办证周期，减轻企业负担的目的。如企业营业执照的申请、受理、审核、发放、年检、登记、项目变更、核销，统计证、土地和房产证、建筑许可证、环境评估报告等证件、执照和审批事项的办理均可以此方式实现。

2. 电子税务

电子税务是指企业可以通过互联网在家里或办公室完成税务登记、税务申报、税款划拨、查询税收公报、了解税收政策等业务，既方便了企业，也减少了政府的开支。电子税务包括电子申报和电子结算两个环节。电子申报指纳税人利用各自的计算机或电话机，通过政府税务网络系统直接将申报资料发送给税务局，从而实现纳税人不必亲临税务机关，即可完成申报的报税方式；电子结算指国库根据纳税人的税票信息，直接从其开户银行划拨税款的过程。

3. 信息咨询服务

在信息化时代，信息是社会的宝贵财富，据统计，80%的信息掌握在政府手里。政府将拥有的各种数据库信息对企业开放，以方便企业利用，如法律法规、规章政策数据库、政府经济白皮书，国际贸易统计资料等信息；政府还可以通过互联网及时向企业发布有关信息，并解答企业提出的各种问题等。例如，如果把城市中所有注册公司单位的情况在网上公布，供公众查询，这样各公司在进行商业交往的时候，通过互联网查询，就可以方便迅速地了解到对方的资信情况，可以有效地避免商业诈骗活动，保护企业的利益。

4. 中小企业电子服务

政府利用宏观管理和集合的优势，为提高中小企业国际竞争力和知名度提供各种帮助。包括为中小企业提供统一政府网站入口，帮助中小企业和电子商务供应商获得有利的、能够负担的电子商务应用解决方案。

5. 电子政府采购与招标

政府可以通过互联网公布政府拟采购与招标的信息，以及有关政策和程序。这将有助于消除政府采购和招标中的徇私舞弊和暗箱操作等行为，降低企业的交易成本，同时也能够节约政府采购开支，使政府采购更具有透明性。

案例 1-4　武汉市政府网站企业频道

武汉市政府网站企业频道将服务对象细分为外资企业、中小企业、民营企业，集成了武汉新闻出版局、武汉海关等政府网站，主要提供设立变更、资质认证等多项在线审批服务(如图1-5所示)。

图 1-5　武汉市政府网站企业频道①

三、政府对公民(G to C)模式

政府对公众的电子政务是指政府通过网络为公众提供各种服务，如信息发布、教育培训、就业、医疗、社会保险网络、税务、证件等服务。这种服务的发展非常迅速，新加坡在这方面走在世界的前列。它的 G2C 系统能够为公民提供从出生到死亡的一条龙式服务，只要是公民与政府打交道的事项，基本上都可以通过网络进行。

1. 信息发布服务

首先，政府有义务将近期发生的重大新闻事件及时在互联网上向社会公布。其次，政府应该在网上向所有公众公开政府部门的名称、职能、机构组成、办事章程及相关文件。再次，立法机构需要在互联网上公布立法事项，广泛听取公民的意见，并使各项法律迅速地传递到公民中去。最后，政府还可以将各种可以公开的资料、档案、数据库送到网上，供公民查询等。

2. 教育培训服务

政府建立全国性的教育平台，并资助所有的学校和图书馆接入互联网和政

---

① 网址见：http://www.wh.gov.cn/cms/publish/wuhan/category/97/20150.html。

府教育平台；政府出资购买教育资源然后提供给学校和学生；重点加强对信息技术能力的教育和培训，以适应信息时代的挑战。政府通过电子网络提供的教育培训服务功能主要有：教育培训信息发布、远程教学、在线报名、在线课堂、在线答疑、在线考核等。

3. 就业服务

政府通过电话、互联网或其他媒体向公民提供工作机会和就业培训机会，以促进就业。如开设网上人才市场或网上劳动市场，提供与就业有关的工作职位缺口数据库和求职数据库信息；在就业管理和劳动部门所在地或其他公共场所建立网站入口，为没有计算机的公民提供接入互联网寻找工作职位的机会；为求职者提供网络就业培训、就业形势分析、就业方向指导等服务内容。

4. 医疗服务

通过政府网站向公众提供全面的医疗服务，包括发布医疗保险政策信息、医院信息、医药信息、执业医生信息。公众可通过网络查询自己的医疗保险个人账户余额和当地公共医疗账户的情况；查询国家新审批的药品的成分、功效、实验数据、使用方法及其他详细数据，提高自我保健的能力；查询当地医院的级别和执业医生的资格情况，选择适合的医院和医生。

5. 社会保险网络服务

建立覆盖本地区甚至全国的社会保险网络，使公众通过网络能够及时全面地了解自己的养老、失业、工伤等社会保险的明细情况。政府可以通过网络公布最低收入家庭的补助办法，提高资金使用的透明度，还可以通过网络直接办理有关的社会保险理赔手续。

6. 税务服务

居民可以通过电子报税系统申报和缴纳各种税款。

7. 证件服务

居民可以通过网络申请身份证、驾驶证、护照、出生证等有关证件。

案例1-5　新加坡电子公民中心网站

建立于1999年的新加坡电子公民中心（eCitizen）网站是一个三维虚拟社区（如图1-6所示），在这里可以实现所有政府机构的信息与服务的完整、集成的传递。从教育到保健，从就业到交通，eCitizen网站把每一个公民从出生到死亡的整个生命过程中要跟政府打交道的事情全部归纳出来，分门别类，根据公众各种生活方式的需求提供多种服务。该网站是全世界迄今为止最为成熟的政府对公民的服务网站，被公认为是设计最好的、最充分考虑到居民要求的政府门户网站。

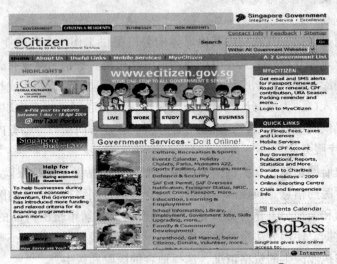

图1-6   新加坡电子公民中心网络截图[①]

四、政府对雇员(G to E)模式

G to E 电子政务是指政府(Government)与政府公务员(即政府雇员)(Employee)之间的电子政务，又称作 G2E。G to E 电子政务是政府机构通过网络技术实现内部电子化管理的重要形式，也是 G to G、G to B 和 G to C 电子政务模式的基础。它的主要内容包括政府雇员利用信息技术办公、与同事通过网络开展协作，利用机构的内部网络接受在职培训，以及政府部门利用电子手段评估工作人员的表现等。

1. 电子办公

主要包括两项办公内容：决策性办公和事务性办公。决策性办公指的是公务员围绕决策的形成、传达、贯彻而实现的垂直和横向的信息互动，这是政府核心职能实现的重要基础。事务性办公指的是公务员通过电子网络办理各种事

---

①   网址见：http://www.ecitizen.gov.sg。

务性的工作，如通过网络申请出差、请假、文件复制等。

2．电子培训

通过网络对国家机关工作人员提供各种综合性和专业性的网络教育课程，特别是为了适应我国加入WTO后对国家机关工作人员的信息技术水平提出的新要求，加强对国家机关工作人员进行与信息技术有关的专业培训，国家机关工作人员可以通过网络随时随地注册参加培训课程、接受培训并参加考试。

3．绩效评估

按照设定的任务目标和工作标准，政府各部门开展对公务员的工作绩效的评估，以此作为对公务员进行晋升和奖惩的依据。

第二章　国家电子政务总体框架

第一节　国家电子政务总体框架的制定

自启动政府上网工程以来，中央和地方政府都对电子政务进行了大量的投入。经过各地区、各部门多年的共同努力，电子政务重点业务系统的应用进展顺利，统一电子政务网络不断推进，基础信息库和标准化体系建设开始起步，信息安全保障能力不断增强。但从总体上看，我国电子政务仍处于初步发展阶段，并且已经出现了"纵强横弱"和"信息孤岛"等问题，究其产生的根本原因，在于缺乏电子政务的总体框架和顶层设计。好的总体框架和顶层设计成果，将为成功的电子政务工程项目创造前提和条件。过去电子政务建设着重于在原有体制流程上提高管理效率，现在则要向如何提高政府整体协调决策能力、如何为公众提供最大化服务转化。中国的电子政务建设进入了一个新的阶段，即改变过去各个部门单兵突进的局面，从而在整体规划的基础上全面推进电子政务建设。

一、国外先进经验

国外部分国家有关电子政务框架的研究和实践起步较早，如美国早在1999年就制定了第一版联邦组织架构框架（FEAF），加拿大在2000年发布了政府联邦架构1.0版，随后英国、澳大利亚、韩国等国家都制定了符合各国电子政务发展实际的总体框架。

美国联邦组织架构（FEA）由绩效参考模型、业务参考模型、服务参考模型、技术参考模型、数据参考模型构成。绩效参考模型由输入、输出、结果3个部分组成，由测量域、测量类、测量组和测量指标4个层次构成；业务参考模型包含业务域，业务线和子功能；服务参考模型由服务域、服务类和服务组件构成；技术参考模型由服务域、服务类和服务标准构成。

英国电子政务互操作框架（E-GIF）主要内容包括互操作的政策与机会、技术政策、实现支持、管理流程、变化管理以及对互操作的遵守。E-GIF 的关键领域包括互联、数据集成、内容管理元数据、服务可访问性、业务领域。英国对所有政府部门强制执行 E-GIF，对各政府部门的 E-GIF 知识和技能进行认证，对其执行结果符合性进行评估，不符合规范的项目（财政、信息化部门、本单位）将停止资金支持，系统不得接入政府网络和政府门户网站。

此外，英国内阁办公室还制定了政府跨部门企业架构（xGEA），并发布了一系列政府跨部门业务架构的参考模型，xGEA 由战略域、渠道域、业务过程域、业务信息域、应用域、基础设施域、集成域、安全域、服务管理域构成。

加拿大政府联邦架构提出了 13 条原则，即减少集成复杂性，整体分析，业务事件驱动系统，定义的权威来源，安全、机密、隐私和信息保护，已证明的标准和技术，所有权总成本，成长规划，采用正式的工程方法，扩展的信息和服务环境，多传输通道，可达到的政府，稳健性。

澳大利亚政府架构（AGA）包括 5 个参考模型：原则、模式、标准、SOA 知识库、服务目录。与美国的 FEA 一样，AGA 参考模型包括绩效参考模型、业务参考模型、服务参考模型、数据参考模型、技术参考模型。其中绩效参考模型强调了产出和要求；业务参考模型强调了业务子功能和过程；服务参考模型强调了共享的组件与服务；数据参考模型强调了数据资产、交换包；技术参考模型强调了产品和标准。

欧盟推出了泛欧电子政府服务互操作框架（EIF）1.0 版，以支持欧盟国家之间的电子政府服务分发（Delivery）。该框架主要包括 3 个互操作领域：组织互操作、语义互操作和技术互操作，为实现泛欧电子政府服务最高层次建模提供了复杂的、方法论的工具包。组织互操作框架负责定义业务目标、业务过程建模以及跨部门合作机制，旨在通过使服务可用、容易被发现、可获得，以便更能满足用户的需求；语义互操作框架负责保证交换信息的精确意义可以被其他应用读懂，使系统能把获得的信息与其他信息源综合起来；技术互操作负责把计算机系统和服务连接起来，包括开放接口、相互连接的服务、数据集成和中间件，数据表达和交换，可访问性及安全服务等关键部分。①

综合分析各国电子政府框架，其共同点是都以业务与数据为核心，以提高

---

① 金江军，韦政君. 国外电子政务总体框架研究[J]. 信息化建设，2008，6.

资源共享与公共服务水平为目标，以绩效考核或其他强制性措施为约束。电子政务框架编制要坚持以下原则：一是系统性，电子政务总体框架是个有机整体，必须成体系，各个部分不是简单的拼凑，而是密切联系，不可分割。二是合理性，设计电子政务总体框架是为了更好地指导电子政务建设，框架是否合理将直接影响电子政务的发展方向。因此，框架结构与内容的合理性非常重要，而且随着政府信息化的进展，框架需要与时俱进，不断调整升级，最大限度地符合电子政务发展大方向。三是可操作性，电子政务总体框架要有可操作性，作为政府部门进行信息化建设的纲领性依据。

二、我国电子政务总体框架的制定

我国电子政务的建设时间不长，并且在建设的过程中出现了一哄而上、低水平重复建设等问题，严重阻碍了电子政务作用的发挥，主要表现在：

(1)电子政务建设各自为政，信息共享程度低。由于传统管理体制条块分割、部门林立，导致政府之间的协同非常困难，在进行电子政务建设的时候，缺乏整体规划，只重视本部门电子政务系统的建设，而忽视了与其他部门信息整合与共享。

(2)电子政务的建设出现"纵强横弱"的格局。我国电子政务在早期主要注重"十二金工程"的建设。从1993年起，我国开始实施"金桥"、"金关"、"金卡"和"金税"等信息化重大工程。2002年又启动了宏观经济管理、"金财"、"金盾"、"金审"、社会保障、"金农"、"金水"、"金质"8个业务系统工程建设。"十二金工程"的建设主要是以部门为主体的纵向监管，而各级地方政府则由于资金、技术、观念等方面的原因，在电子政务建设方面仍然处于较为落后的阶段，有的地方政府的网站长期未能更新，面向公众服务的功能大多不能实现。

(3)应用标准缺乏，这也是电子政务发展过程中突出的问题。没有统一的标准，各地各部门的数据就难以共享，也容易出现安全上的隐患。

因此，为了解决各地电子政务建设过程中出现的诸种问题，指导"十一五"期间各地区、各部门更好地推行电子政务，国家相继出台了《2006—2020年国家信息化发展战略》、《关于推进国家电子政务网络建设的意见》、《国家电子政务总体框架》等一系列指导性文件，为电子政务的发展提供了一个较为完备的规划。这表明全国电子政务关注点已从建设为主走向建管并举，从单部门应用迈向跨部门协同。

(一)构建国家电子政务总体框架的要求和目标

在《国家电子政务总体框架》中，提出了构建国家电子政务总体框架的要求，即以邓小平理论和"三个代表"重要思想为指导，全面贯彻落实科学发展观，进一步发挥电子政务对加强经济调节、市场监管的作用，更加注重对改善社会管理、公共服务的作用；坚持政府主导与社会参与相结合，坚持深化应用与提高产业技术水平相结合；坚持促进发展与保障信息安全相结合，保持政策的连续性与稳定性；统筹兼顾中央与地方需求，以提高应用水平为重点，以政务信息资源开发利用为主线，建立信息共享和业务协同机制，更好地促进行政管理体制改革，带动信息化发展，走中国特色的电子政务发展道路。

构建国家电子政务总体框架的具体目标是：到2010年，覆盖全国的统一的电子政务网络基本建成，目录体系与交换体系、信息安全基础设施初步建立，重点应用系统实现互联互通，政务信息资源公开和共享机制初步建立，法律法规体系初步形成，标准化体系基本满足业务发展需求，管理体制进一步完善，政府门户网站成为政府信息公开的重要渠道，50%以上的行政许可项目能够实现在线处理，电子政务公众认知度和公众满意度进一步提高，有效降低行政成本，提高监管能力和公共服务水平。这些具体目标的实现，目前各地的进度并不一样，特别是"50%以上的行政许可项目能够实现在线处理"的任务，对于一些地区来说，形势还十分严峻。

(二)电子政务总体框架的建设思路

国家电子政务总体框架的建设应遵循"统分结合"的思路，其中统一建设部分主要是：网络基础设施；基础性的政务信息资源；应用支撑体系；综合性、跨部门的应用系统(或具有跨部门特征的专业应用系统)；服务渠道等。分散建设部分主要是：各类专业政务信息资源；众多的部门内部应用系统等。当统一建设完善后，就能让各部门致力于各自的核心业务，不断丰富与拓展电子政务应用，解决资源分割造成的低效等问题，大大提高电子政务建设的综合成效。

各部门和各地区在建设电子政务的时候，也应在国家电子政务总体框架的基础上编制本部门、本地区的电子政务框架。目前除中国农业部等少数部门以及北京、上海、成都、深圳、广州等城市已经或正在研究和编制电子政务总体框架外，绝大多数部门和城市还没有启动这项工作。部门和地方电子政务的框架制定过程可以分为两个阶段。第一阶段为电子政务框架环境研究制定阶段，主要内容包括：一是对国外电子政务框架发展现状与趋势的研究，以为国内电子政务框架的制定提供借鉴经验，提高框架的合理性；二是对《国家电子政务总体框架》的剖析，深入领会国家电子政务建设的总体方向，保证部门或地方电子政务框架与全国电子政务框架方向的一致性；三是分析本部门或本地区电子政务建设的现状，为因地制宜制定电子政务框架奠定基础；四是由于中国各级政府部门是纵横交错的行政关系，在制定地方电子政务框架的时候除了分析本地政府部门信息化建设现状以外，还要把握垂直系统信息化建设现状与趋势，以保证地方政府信息化建设横向纵向的统一协调性。

第二阶段为电子政务框架研究制定阶段，这一阶段是在第一阶段研究的基础上，依据框架制定原则，构建具有可操作性、个性化的部门或地方电子政务框架。确定框架的构成后，对各个子架构进行编制，并建立各子架构之间的逻辑关系，以保证框架的系统性与可执行性。

第二节　国家电子政务总体框架的构成

国家电子政务总体框架的构成包括五个部分，它们分别是服务与应用系统、信息资源、基础设施、法律法规与标准化体系、管理体制。其中服务是宗旨，应用是关键，信息资源开发利用是主线，基础设施是支撑，法律法规、标准化体系、管理体制是保障。框架是一个统一的整体，在一定时期内相对稳定，具体内涵将随着经济社会发展而动态变化。

一、服务与应用系统

服务是电子政务建设的出发点和落脚点。电子政务的建设要紧紧围绕服务对象的需求，选择优先支持的政府业务，统筹规划应用系统的建设，提高各级政府的综合服务能力。

（一）服务对象和服务内容

在 2006 年《国家电子政务总体框架》出台以后，电子政务发展进入了以服务对象为中心的新阶段，充分体现出以人为本、打造服务型政府的新方向。电子政务服务主要包括面向公众、企事业单位和政府的各种服务。服务的实现程度、服务效率、服务质量是电子政务建设成败的关键。电子政务的建设要以服务对象为中心，以网络为载体，逐步建立完善的服务体系，并且通过计算机、电视、电话等多种手段，把服务延伸到街道社区和村镇，惠及全民。

在《国家电子政务总体框架》中，对服务对象和服务内容作了以下若干方面的规定：

面向城乡公众生活、学习、工作的多样化需求，在婚姻登记、计划生育、户籍管理、教育、文化、卫生保健、公用事业、住房、出入境、兵役、民主参与、就业、社会保障、交通、纳税等方面提供电子政务服务，为城乡困难群众提供更加便利的服务。为农民提供涉农政策、科技知识、气象、农产品和农资市场信息、劳动力转移、教育、合作医疗、农用地规划、乡村建设、灾害防治等服务。为外籍人员提供出入境、商务活动、旅游观光、文化教育、在华就业等服务。

面向企事业单位开展经济社会活动的需求，在企事业单位设立、纳税、年检年审、质量检查、安全防护、商务活动、对外交流、劳动保障、人力资源、资质认证、建设管理、破产登记等方面提供电子政务服务。

政府通过整合和共享信息资源，以满足经济社会发展的需要。为满足政府服务公众和企事业单位的需求，在人口登记和管理、法人登记和管理、产品登记和管理、市场准入和从业资格许可、特许经营和社会活动许可、企事业单位和公民社会义务管理、企事业单位和公民权益管理、社会应急事务管理等方面实现信息共享。为满足政府经济管理和社会管理的需要，提供市场与经济运行、农业与农村、资源与环境、行政与司法、公共安全与国家利益等方面的信息监测与分析服务。为满足各级领导科学决策的需要，提供信息汇总、信息分析等服务。为满足政府提高管理效能的需要，提供人力资源管理、财政事务管理、物资管理等信息服务。

（二）优先支持的业务

在电子政务建设过程中，各级政府应选择社会公众关注度高、经济社会效益明显、业务流程相对稳定、信息密集、实时性强的政府业务，作为电子政务优先支持的业务。具体来讲，从提高工作效率、监管能力和公共服务水平，降低行政成本出发，应优先支持办公、财政管理、税收管理、金融监管、进出口管理、涉农管理与服务、食品药品安全监管、信用监管、资源管理、环境保护、公共安全管理、社会保障、司法保障等业务。这些业务是支持政府提供多样化服务的重要基础，也是规划应用系统建设的重要依据。

（三）应用系统

应用系统是电子政务建设的主要内容。到目前为止，国家已建、在建和拟建的电子政务应用系统包括办公、宏观经济、财政、税务、金融、海关、公共安全、社会保障、农业、质量监督、检验检疫、防汛指挥、国土资源、人事人才、新闻出版、环境保护、城市管理、国有资产监管、企业信用监管、药品监管等。

"十一五"期间，主要围绕优先支持的业务，以政务信息资源开发利用为主线，以政务信息资源目录体系与交换体系为支撑，兼顾中央和地方的信息需求，统筹规划应用系统建设。重点是完善已建应用系统，强化已建系统的应用，推动互联互通和信息共享，支持部门之间的业务协同。对新建的应用系统，要根据业务发展需要，统筹规划建设。

二、信息资源

政务信息资源是政府在履行职能过程中产生或使用的信息，为政务公开、业务协同、辅助决策、公共服务等提供信息支持。政务信息资源开发利用是推进电子政务建设的主线，是深化电子政务应用能否取得实效的关键。

政府信息资源是政府投资建设的信息资源或者是由政府直接管理的信息资源，它是国家的重要资源，是政府行政管理的基础，是科学决策的依据，是联系公众的纽带。但是，当前我国政府部门在信息资源的开发和利用上仍然是一个相对薄弱的环节，特别是缺乏政府部门之间信息资源的有效共享。

在跨部门基础信息资源共建上，虽然我国已经开始启动四大基础数据库的建设工作，但是推进效果不够理想。我国基础信息资源开发与利用的缺乏已经成为信息化发展的主要瓶颈。例如，缺乏法人单位信息和人口信息的支撑，社会信用体系很难建立，这些都制约了电子政务、电子商务、电子社区等主要应用的深入发展。

在跨部门信息共享上，仅在工商与税务企业基础信息交换、进出口领域企业基础信息交换等方面进行试点尝试。尚有很多跨部门的关键业务没有理顺信息流程，信息共享程度低，并且对信息资源的核心价值和重要地位尚未认识清楚，"重开发，轻利用"的现象比较严重。归结原因，主要是尚未建立有效的信息采集、分类、加工、存储、交换、发布等的管理制度。而且，部门之间信息共享缺少顶层的政府信息资源目录体系与交换体系作为参照。技术标准不统一也是限制信息资源共享的一个不利因素。

（一）信息的采集和更新

各级政府要根据依法行政的要求，明确界定各部门的信息采集和更新权责，保证信息的准确性和时效性。对于相关部门共同需要、面向社会采集的信息，要理顺和规范信息采集流程，明确信息采集工作的分工，形成有序采集的机制，减轻社会公众和企业的负担。结合业务活动的开展，建立信息更新机制，保证信息资源的准确、完整和及时更新。

电子政务中的信息采集一般有两大类方式：交互式信息采集和集成式信息采集。针对不同的需求方式，我们可采用不同的信息采集方式以达到更好的效果。

（1）交互式信息采集。交互式信息采集的种类繁多，除了电子方式外还有基于纸张、语言等其他媒介的方式，它所面向的对象是最终用户。政府在采集过程中主要提供两种手段：纸制表单和电子表单。随着计算机应用的普及，纸制表单越来越少，政府将电子表单存放在政府网站上，市民下载后，可先打印再手工填写或先在电脑上填写再打印。有的政府部门还提供了在线提交的方式，常用的方式就是建一个网站，以 HTML 表单格式采集市民联机填写的信息，在后端对采集的数据进行处理，并存储到数据库中或者以纸张形式打印出来。还有的政府部门把纸张表单扫描，以电子表单形式保存起来。

（2）集成式信息采集。集成式信息采集大多在多个系统之间发生，一般通过计算机程序自动完成，主要包括数据交换、数据传输、数据存储三大过程。

（二）信息公开和共享

各级政府应围绕社会公众和企事业单位最关心、最直接、最现实的利益问题，以公开为原则，以不公开为例外，编制政府信息公开目录，及时、准确地向社会公开行政决策的程序和结果，以提高政府的透明度和办事效率，拓宽群众参政议政的渠道，保证人民群众依法行使选举权、知情权、参与权、监督权。

为了更好地促进信息公开，2007 年 4 月 5 日，国务院颁布了《中华人民共和国信息公开条例》，这部条例已于 2008 年 5 月 1I 日起正式实施。在条例中第十五条规定，行政机关应当将主动公开的政府信息，通过政府公报、政府网站、新闻发布会以及报刊、广播、电视等便于公众知晓的方式公开。由于在信息传播方面具有的天然优势，目前网络已经成为我国信息公开的主要渠道。利用政府网站进行信息公开有以下优势：

（1）传播速度快捷。由于各级政府都建有自己的网站，政府可以在第一时间将信息上传至网络，传播速度比传统媒体要快。

（2）民众获取方便。民众通过网站获取政府信息，不受时间和空间的限制，只要能上网，就能够获得，同时民众还可以利用搜索技术对政府信息进行检索和查询。

（3）传播范围无限。由于因特网的全球互联以及转载信息无成本的特点，政府信息可以瞬间传遍全球。

（4）信息的聚合。政府网站可以对政府信息进行专题整理，便于民众迅速获得大量有用的信息。

（5）在信息公开以后，可以进行有效的沟通和反馈。

目前所采用的信息公开的形式主要有以下两种：一是将信息编排为一定格式的页面，供访问者阅读，这是一般政府网站所采用的方式。二是主动将信息发送给特定的对象，比如建立邮件列表用户访问网站就可以获得政府选择的信息。

信息公开和共享要统筹兼顾中央和地方需求，依托政务信息资源目录体系与交换体系，实现跨地区、跨部门信息资源共享。围绕部门之间业务协同的需要，以依法履行职能为前提，根据应用主题明确信息共享的内容、方式和责任，编制政府信息共享目录，逐步实现政府信息按需共享，支持面向社会和政府的服务。中央各部门的应用系统要为地方政府和部门开展社会管理和公共服务提供信息支持。围绕优先支持的业务，加强已建应用系统之间的信息资源共享；新建应用系统要把实现信息共享作为重要条件。

案例2-1　上海市政府门户网站信息公开系统的建设

上海政府门户网站（如图2-1所示）"中国上海"在第一时间发布市委重大决策和市政府规章、规范性文件及权威信息，而且利用网络通信的优势在政府网站上开设"申请公开"栏目，通过网络接收和处理公民对政府信息公开的申请，利用电子邮件方式告知申请人是否公开的决定，极大地方便了公民对政府信息公开的需求。上海市还建立了一个电子邮件服务系统，免费为公民开设与其真实身份相对应的电子邮箱，定期为信箱使用者提供政府报告、个人诚信报告、"四金"缴费、公用事业账单等信息服务，进一步扩大了政府网站在为市民信息服务方面的功能。

图 2-1 上海市政府门户网站截图①

(三)基础信息资源

基础信息资源来源于相关部门的业务信息,具有基础性、基准性、标识性、稳定性等特征。人口、法人单位、自然资源和地理空间等基础信息的采集部门要按照"一数一源"的原则,避免重复采集,结合业务活动的开展,保证基础信息的准确、完整、及时更新和共享。基础信息库实行分级建设、运行、管理,边建设边发挥作用。国家基础信息库实行分别建设、统一管理、共享共用。

三、基础设施

基础设施包括国家电子政务网络、政务信息资源目录体系与交换体系、信息安全基础设施。基础设施建设要统筹规划,避免重复投资和盲目建设,提高整体使用效益。

---

① 网址见:http:// www.shanghai.gov.cn。

(一)国家电子政务网络

国家电子政务网络由基于国家电子政务传输网的政务内网和政务外网组成。政务内网由党委、人大、政府、政协、法院、检察院的业务网络互联互通形成，主要满足各级政务部门内部办公、管理、协调、监督以及决策需要，同时满足副省级以上政务部门的特殊办公需要。政务外网主要满足各级政务部门进行社会管理、公共服务等面向社会服务的需要。电子政务建设应充分利用国家公共通信资源，形成连接中央和地方的统一的国家电子政务传输骨干网。中央和各级地方按照统一标准规范、统一地址和域名，分级规划，分别实施，分级管理，推进电子政务网络建设，逐级实现互联互通。地区、部门开展电子政务建设，原则上必须依托国家电子政务网络进行。

(二)政务信息资源目录体系与交换体系

按照统一的标准和规范，逐步建立政务信息资源目录体系，为各级政府提供信息查询和共享服务；逐步建立跨部门的政务信息资源交换体系，围绕部门内信息的纵向汇聚和传递、部门之间在线实时信息的横向交换等需求，为各级政府的社会管理、公共服务和辅助决策等提供信息交换和共享服务。依托统一的国家电子政务网络，以优先支持的业务为切入点，统筹规划、分级建设覆盖全国的政务信息资源目录体系与交换体系，支持信息的交换与共享。

(三)信息安全基础设施

围绕深化应用的需要，加强和规范电子政务网络信息体系建设，建立有效的身份认证、授权管理和责任认定机制。建立健全信息安全监测系统，提高对网络攻击、病毒入侵的防范能力和网络泄密的检查发现能力。统筹规划电子政务应急响应与灾难备份建设。完善密钥管理基础设施，充分利用密码、访问控制等技术保障电子政务安全，促进应用系统的互联互通和信息共享。

信息安全基础设施建设必须与完善信息安全保障体系结合起来，按照"谁主管谁负责，谁运行谁负责"的要求，明确信息安全责任。根据网络的重要性和应用系统的涉密程度、安全风险等因素，划分安全域，确定安全保护等级，搞好风险评估，推动不同信息安全域的安全互联。

四、法律法规与标准化体系

电子政务的法律法规，是指与电子政务的建设、实施与应用相关的由立法机关或行政管理机关经过一定法定程序制定的法律、法令、条例、规则和办法等具有法律强制性的规范。我们所指的电子政务的法律法规，包括但不限于电子政务专项法律法规。从实践来看，并不是所有的国家都制定专门的电子政务纲领性法律法规，而是通过分散的多项法律规定对电子政务相关事宜予以规范。从2000年开始至今，随着国家信息化领导小组的组建及"十五"规划目标的提出，我国在电子政务方面的立法也开始出现了发展的趋势，主要表现在以下两个方面：一是较高阶位的相关立法对电子政务的发展提供了法律保障。如《电子签名法》规范了电子签名行为，确立电子签名的法律效力，为网络行政行为的可行性奠定了基础；《行政许可法》第二十九条、第三十三条等，为电子政务的推进提供了直接的法律依据。二是相关部门和地方政府的电子政务立法活动很活跃。如新的婚姻登记方式增加了很多与信息化有关的措施；《企业登记程序规定》也在其第六条中做出相关规定；《深圳市政府信息网上公开办法》、《天津市电子政务管理办法》等也相继出台，其中后者比较系统地从电子政务平台建设、数据库建设、政务信息交换机制、政府信息公开、信息安全、应急处理、知识产权、相关方的责任等几个方面做出了较为详细的规定，是比较全面的规范电子政务的地方性法规，在我国电子政务立法上有相当重要的意义。

电子政务标准化是支撑电子政务的一个重要手段。统一标准是互联互通、信息共享、业务协同的基础。标准化是电子政务建设的基础性工作，它将各个业务环节有机地连接起来，并为彼此间的协同工作提供技术准则。电子政务标准化工作必须服务于电子政务的总体目标，并最大程度地满足其需求。

我国已认识到标准化的重要性，并高度重视电子政务标准化工作问题。国务院信息化工作办公室和国家标准化管理委员会于2002年1月在北京成立了国家电子政务标准化总体组。国家电子政务标准化总体组由来自各级政府部门、各行业主管部门、科研院所和企业的专家组成，电子政务标准化总体组的职责是提出我国电子政务的标准体系框架和实施计划，组织制定电子政务建设需要的标准，参与解决我国电子政务网络建设和应用过程中产生的互联互通问题以及其他与标准有关的问题，完成国务院信息化工作办公室和国家标准化管理委员会交办的其他事宜。

　　电子政务标准化体系由总体标准、应用标准、应用支撑标准、信息安全标准、网络基础设施标准、管理标准等组成，如图2-2所示。

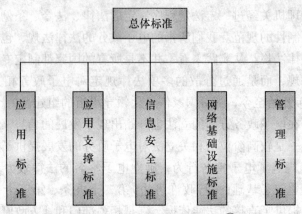

图 2-2　　电子政务标准体系结构①

五、管理体制

　　管理体制仍然是制约电子政务发展的重要因素。在中央政府层面，主管电子政务的最高协调机构是国家信息化领导小组，工业与信息化产业部参与电子政务的建设与管理。各地在实践探索中，也根据自身情况形成了政务信息化管理体制。大致看来，目前各地的电子政务管理体制有四类：一是成立临时性的机构，如领导小组或者办公室；二是由已有的专职机构进行管理，如各级信息管理部门；三是由某个特定的政府职能部门来负责，如科技局等；四是由各级政府综合办公机构来管理，如办公厅等。现有的政务信息化管理体制是在国家缺乏统一规范的前提下，各地在摸索中各自形成的，这个过程受到历史惯性、现有制度以及非正常因素等多重影响。随着我国电子政务建设的不断推进，这种从全局来看缺乏规范、从个体来看较为随意的管理体制渐渐不符合信息化的要求。因此，需要加快推进各方面改革，使关系电子政务发展全局的重大体制改革取得突破性进展，建立健全与社会主义市场经济体制相适应的电子政务管理体制。

---

　　①　国家标准化管理委员会，国务院信息化工作办公室. 国家电子政务标准化指南.（第二版，第1部分：总则）［EB/OL］.［2010-05-28］. http://www.docin.com/p-32377028.html.

第三章　电子政务流程管理

第一节　电子政务流程

电子政务是随着现代信息通信技术的发展和应用而产生的，是当代政府管理和公共服务发展的主流方向。同时，电子政务不单是政府管理工具的革新，而是要对现有政府组织结构和工作流程优化重组后构造一个新型的政府管理形态，其核心是借助互联网构建以公众为中心、跨越部门原有边界的虚拟政府服务体系。

一、电子政务流程的含义

流程是指一系列人类相关的活动或操作，业务流程是指为完成某一目标或任务而进行的一系列逻辑相关的活动的有序集合。有关业务流程的研究最早源于企业管理领域。政务流程是业务流程的一种，特指在政府中运行的业务流程，它是为实现行政目标、履行行政职能而产生的一系列活动步骤的集合。它与一般的业务流程相比，它具有两个突出的特征：

（1）严谨性。政务流程的每一项活动都必须符合国家的法律法规，并且在具体的流程设置上，必须具有稳定性和确定性，不得随意更改。工作人员应严格执行流程，受流程约束，如果违反已有的行政程序，则要承担相应的法律或行政责任。

（2）公益性。政务流程不是以营利为价值目标，其终极目标是为了满足公众的需求。因此，在政务流程的设置过程中，必须将这个目标贯彻始终，比如突出政府管理的服务本质，尽可能地追求公众接受政府服务的便利程度。

电子政务流程是电子信息技术介入政务活动中而形成的新型政务流程，是一个建立在网络基础之上的人机复合系统，由流程目标、业务活动、逻辑关系、信息流转载体、参与者、传递时间等构成。

流程目标首先指向公众需求的满足。由于电子政务强调以公众为中心，以提供公共服务为宗旨。因此，在政府部门功能和流程目标的设置上，必须以公众的需求为引导。

业务活动则是构成流程的单元，根据不同业务类别，活动亦有所不同，并且可具有多个层次。它构成了业务流程的最基本要素，业务流程由一系列活动组成。一项活动既可以由人工完成，也可以由设备自动完成。

逻辑关系则是活动之间的有序组合，如串行、并行、循环以及归并、反、排他等关系；比如甲工作必须在乙工作之前完成，乙工作必须在丙工作之前完成，如果不按照这种顺序来进行，那么流程的运转就会遇到阻碍。

信息流转载体和参与者主要涉及信息处理手段及处理人员。信息流转载体是指在电子政务流程中使用的软硬件设备，也是流程参与者使用的主要操作工具，包括计算机终端、服务器、信息系统以及互联网。参与者是指活动的执行者，主要包括负责该流程的政府部门的工作人员，它决定流程中资源的分配，以及对流程中的信息进行处理、判断等。

传递时间规定的则是流程中每个环节向下一个环节过渡所需要的时间。传递时间受事务本身处理繁易程度的影响，同时也受两个环节之间信息交接时间的影响。传统政务流程在传递时间方面存在特别突出的问题，如跨部门信息沟通不畅，传递时间过长。电子政务提出"一站式"服务模式，就是尽量减少在环节之间的信息交流所花的时间。

电子政务流程从"人"的角度看，包括公众、处理人员及决策者；从"机"的角度看，包括计算机终端、服务器、信息系统及互联网络。

政务流程可用流程图表示，如图 3-1 所示，合肥电子政务专网接入流程由四个部门配合，经过三个阶段完成。

二、电子政务与传统政务的业务流程比较（如表 3-1 所示）

表 3-1 　　　　　　　　　　传统政务与电子政务流程比较

传统政务流程	电子政务流程
信息人工处理	信息自动化处理程度高
流程容易受个人化因素影响	流程严格，容易控制
信息垂直历时性传递	信息水平共时性传递
业务协调受部门界限与范围制约	跨部门业务
信息资源整合、利用程度低	信息资源的挖掘、运用和处理能力强
组织结构呈金字塔形	组织结构扁平化
流程周期长	流程周期较短
政务透明度低、公众参与性低	政务透明度高、公众参与性高
工作效率有限	工作效率大幅度提高

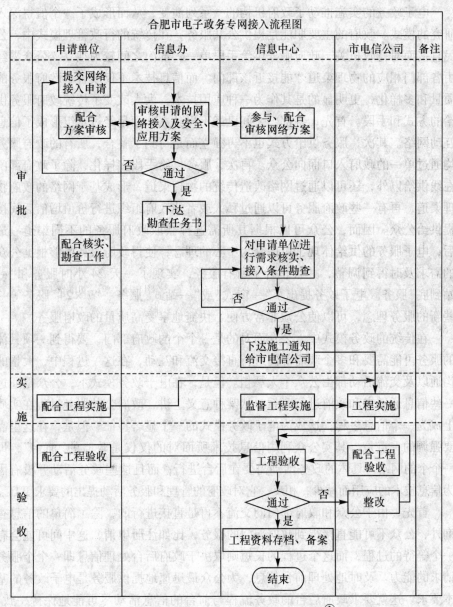

图 3-1 合肥市电子政务专网接入流程图①

———————

① 网址见：http://www. hefei. gov. cn/n1070/n2748829/n2749217/n2749218/3541612. html, 2009-05-04。

电子政务的实施推动了政府机构的一系列演变，从而形成了一个值得深入研究的模式。政府的主要职能是提供公共服务，在传统的行政管理模式中，公民直接面对行政机关，政府服务供给手段单一，部门之间较为独立，公众需经由各部门相应的物理渠道才能接近该部门。而信息技术不仅改善了政府服务的质量和多样化，更明显的是其作为一种应用技术，大大改变了传统政府服务供给的方式和手段。首先，各部门之间已经不再独立，而是经过重组形成了信息互动网络。其次，服务供给方式也不再独立而是得到了整合，所有的政府服务均通过单一的政府入口面向公众。再次，服务供给手段多样化，除了政府部门在线供给以外，还可以通过网络改造传统的物理渠道，形成基于网络的政府物理渠道，再有一些政府服务可以通过私人或者非政府组织进行价值增值后间接提供给公众。因而，公众可以根据其所需选择获取政府服务的不同渠道。最后，电子服务的供给体现了以民众为中心的理念，使得政府服务能够根据公众的需求及时得到调整，并且整合了所有服务，实现了一天 24 小时服务和"一站到底"服务。电子政务提出了"一窗式"或"一站式"服务、"7×24"服务等一些新的服务理念，可以使公众非常方便、快捷地享受高质量的政府服务。

在传统的政务模式中，公众面对的是一个个的政府部门，要得到一项具体的服务可能需要和多个政府部门进行直接交流和互动，在这一过程中，大量的沟通以及交流活动都由公众个人承担。但是，在电子政务模式下，公众是通过一些信息通道来和政府进行联系，从某种意义上讲，政府公共服务过程在实质上成为一个信息过程，这成为电子政务模式的一个显著特征。但是，在这里需要强调的一点是，其实公众利用信息技术所面对的仅仅是政府的"前台"，即一个个的网站，具体的政务活动需要在后台进行；而且这些政务活动并没有因为信息技术的应用而减少，相反，它对政府的管理和服务活动提出的要求更高。

首先，由于公众和政府部门的交流不再是直接进行的，除了简单的信息查询外，公众不可能直接得到政府部门的服务，比如注册申请，这中间可能会有一个等待的过程，而这个过程的长短则取决于政府后台处理信息即一个个服务请求的能力。及时地处理前台信息，为公众最迅速地提供服务是电子政务的基本要求。这就要求政府后台的政务流程与前台的信息活动尽可能地保持一致，即前台每一项信息活动都需要有后台的政务活动做支持。在这里，一个典型的例子就是许多政府网站也设置了公众电子信箱，但是许多的信箱是有去信而无回音，其主要原因就是这些政府部门并没有专门的机构或者人员对这一部分服务请求进行处理。

其次，公众和政府部门的直接交流被政府部门之间的互动协作所替代，这就要求这些政府部门之间的互动与协作更为频繁，这些部门之间的业务流程必须进行协调。而这种高度互动协调一致的政府业务流程与传统政府条块分割的组织结构以及僵化的业务流程之间的矛盾将会凸显出来。如何打破部门界限，并以高效、快捷的公众服务为目标，是政府业务流程重组的核心和难题，必须结合政府职能的转变来进行。

三、电子政务流程影响因素

传统政务流程是建立在工业化社会基础之上的，与科层制的组织结构相适应，通过严格的规章和专业化的操作来保障业务处理的高效率。电子政务流程则是在信息化社会中产生的，它在信息技术的推动下，在处理手段和组织结构等方面对传统政务流程进行了彻底的变革，建立起以公众为中心的业务处理机制。从电子政务发展的历史看，影响电子政务流程的主要因素可以分为外部因素和内部因素。

（1）外部因素。直接影响电子政务流程发展的因素是信息化技术，特别是互联网技术。互联网技术的发展，使得整个社会信息传播机制发生了根本性的变化，促使现代社会向信息社会转变。网络信息技术为政府处理信息提供了更先进的手段，同时也塑造了公众的信息需求。越是在网络普及的地方，公众对电子政务的发展越迫切。因此，在进行政务流程再造的过程中，需要充分考虑互联网在当地的发展速度，以及因此而带来的公众对信息需求程度的改变，以使政府提供的服务适应公众的需求。

（2）内部因素。电子政务的发展，受到政府组织机构内部人员观念和素质的影响。特别是我国的电子政务建设，仍然在很大程度上受到领导意图的影响。有研究表明，一个地方电子政务的发展速度，与受当地一把手重视与否有相当大的关系。另外，它也与政府组织内部对电子政务的态度有关，如果政府工作人员在利用信息化手段的观念和技能方面排斥度低，电子政务流程就能较为顺利地建立实施；反之，电子政务的推广和应用就会受到严重阻碍。

四、电子政务流程的分类

电子政务流程在不同的部门和不同层级的政府，都有具体的表现形式，无论是研究电子政务流程还是对已有的电子政务流程进行优化，都首先必须对它进行适当的分类。电子政务流程按照不同的标准可以分为不同的类型，具体如表 3-2 所示。

表 3-2 电子政务流程的分类①

服务对象	公众服务型	为公众服务的流程，包括政府对企业和政府对公民两类服务
	决策服务型	为决策者服务的流程，政府为作出科学决策而从社会收集各类信息，进而合理配置各类资源
组织范围	单部门型	活动集中在政府部门内部
	跨部门型	包括纵向与横向流程，纵向流程是在同一业务系统为沿纵向层级划分的不同部门之间的业务流程，横向流程为同一层级内跨越政府不同部门之间的业务流程
输出结果	信息服务型	输出信息而非其他有形服务或资源
	实体服务型	包括服务输出型及资源输出型流程。服务输出型输出有形服务；资源输出型则在信息传输处理后输出实体资源
信息流向	信息输入型	采集社会各类信息及接受公众反馈，该类流程主要为政府宏观管理或决策服务
	信息输出型	政府向社会发布各种信息
业务属性	作业类流程	由顾客需求的重要性决定
	支持类流程	辅助核心流程有效运作的其他流程
合理性	正常流程	合理性依赖于流程的完整性及其功能的顺利高效实现，如流程能正常实现其设计功能，则可认作正常流程
	病态流程	功能性障碍流程，一般有明显症状，如流程被分割、流程功能无法实现、运作效率低下、无法满足顾客需求

第二节　电子政务与政务流程再造

经过多年的建设与发展，我国的电子政务已经从最初的基础设施建设转到重视应用上来。但是近年来电子政务发展速度呈明显的下降趋势，大量政

① 池忠仁，王浣尘. 网格化管理和信息距离理论——城市电子政务流程管理[M]. 上海：上海交通大学出版社，2008：21.

府网站处在低水平发展阶段，无法向上提升信息服务质量，特别是在线办事与互动交流功能成为电子政务的发展瓶颈，其重要原因就在于传统管理模式下的政务流程严重阻碍了电子政务功能的发挥。我国政府管理体制长期存在条块分割、机构林立、部门职能交叉、层级过多等问题，这就使得贯穿政府服务管理全程的各类电子政务流程无法完整、顺畅地实现。因此，进一步优化政务流程，改革政府管理体制，已经成为电子政务发展过程中必不可少的环节。

一、政务流程再造的含义

政务流程再造是用成本、质量、服务和速度等指标来衡量和改善政府部门的工作绩效，对政府治理的理念、原则、组织结构、行为方式等管理模式、组织结构模式、业务模式和服务传递方式进行根本性再思考和彻底再设计，以提高政府公共管理的绩效和服务质量。

现代政府业务流程的再造过程，实际上就是电子政务在政府管理方面不断应用的过程。政务流程的再造需要借助于先进的网络信息技术，对传统的管理模式、组织结构模式、业务模式进行重组，这种重组不是简单的机构精简和职能的排列组合，而是进行根本性的再思考和中心设计。在政务流程再造过程中，必须塑造公众的中心地位，其根本目的是为了提高政府的管理效能与服务质量，提高公众的满意程度。

另外，电子政务的实施也面临着各种问题和矛盾，是一个需要长期建设的复杂的系统工程，而政府流程再造也是决定电子政务成败的关键。电子政务要提供以公众为中心、跨部门协同的业务服务，就必须对传统的流程进行改造。从这个意义上看，政务流程再造是电子政务深入开展的必然要求。目前，我国许多地方政府在发展电子政务的问题上存在一些误区，认为电子政务只是把政府的职能转移到网上。在这种思维下，电子政务在协同办公、互动交流方面的优势无法发挥出来，造成了不必要的浪费，也阻碍了电子政府的深入发展。

因此，电子政务的发展与政务流程改造是一个紧密联系、不可分割的过程。具体来看，电子政务对政府业务流程再造起着如下的作用。

（一）电子政务为政府工作流程再造提供技术保障

电子政务的建设使得信息在政务系统内更加快速和顺畅地流动，而政府门户网站整合所有的信息资源，可为公众提供更完备、更全面以及无边界的服务。现代化的信息技术不仅能改进政府的工作，也为我们改进传统政务流程不规范、效率低下的缺陷提供了机遇和条件。公众不需要到政府办公的地点就可以获得政府提供的服务；对于公众来说，政府成了一个无缝隙的整体，而且，公众无须直接接触各级政府机构，只需要通过政府的网站及其链接就能获得全程服务，从而对原来的行政流程进行了彻底的改造。

(二)电子政务对政府组织结构提出新的挑战

在电子政务实施的过程中，传统政府组织中的金字塔式的权力结构被扁平式权力结构所取代。网络技术可以实现操作执行层与高层决策层的直接信息沟通，从而可以跨过中间层来传递信息，加快信息传递速度(如图 3-2 所示)。传统政务系统是一种等级式的"金字塔"结构，而电子政务就是一种扁平化的"平面"结构。在某种意义上，它可以突破西蒙所说的管理幅度，一个人可以直接管理远超过 13 人的规模。譬如说，在传统政务的条件下，一个人管理一百个人，要了解这一百个人的工作，必须要经常开会，听取汇报，要保持跟每个人的适度接触，管理者的精力很难应付过来。而在电子政务的条件下，每个人每天的工作和计划都可以直接呈现在网络上，领导者不用通过物理接触就可以了解大量的管理信息，这样过去通过很多层级来管理的事务就只需要通过一个或较少层级来管理了。即使政府管理的制度改革没有跟上，仍然保留了传统政务下的许多层级，但领导者也不需要完全依靠一级级层层汇报、下指示来进行管理，而是通过网络对自己所管理的整个系统随时进行监控，几分钟的时间就可以了解过去几个月也难以了解的管理事实。

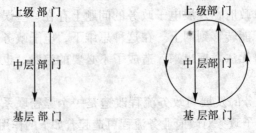

图 3-2　传统政务信息流和电子政务信息流路径比较

38

（三）电子政务推动政府决策流程的优化

电子政务系统的建设和实施，决策者可以掌握充分的信息资源，并且通过决策支持系统对收集的信息进行筛选和处理，从而减轻了管理者对低层次信息处理和分析的负担，使他们能够专注于最需要决策智慧和经验的工作，从而提高了决策的质量和效率。另外，由于电子政务能够为公民参与决策提供非常方便的途径，公民可以通过论坛、邮件以及电子投票等方式对政府的决策提出意见和建议，也可以通过电子政务系统与政府实现在线的实时交流，夯实了政府决策的民意基础。

（四）电子政务使公共服务流程电子化成为可能

公共服务电子化就是通过现代信息技术等电子化手段，使政府为社会提供的公共服务得以充分实现。由于信息技术的应用，政府提供服务的方法和方式也将改变，政府提供的各种服务比以前更快捷，对公众意见和需求的反应速度也大大提高。电子政务的信息公开服务功能利用高效可靠的政府门户网站，将政府信息快速、方便、廉价、准确地传递给社会公众，减轻公众为此而付出的经济和时间负担。同时公众登录网站能够享受方便、快捷的信息服务，并通过这种方式实现双向的和直接的沟通和互动。以顾客为导向的电子化公共服务视公民为政府最重要的财富，重视与公民之间建立长期互动关系，以追求公民满意为基本目标。

在一定意义上，电子政务就是要以信息技术的应用，推动政府创新、优化自身的流程。因此，推行电子政务的过程，实际上就是一个政府梳理、优化流程的过程。政府流程再造的真正目的是适应电子政务的要求，充分利用和发挥电子政务的特点和优势，实现电子政务的效益，实现政府形态由管理型向管理服务型转变。

二、政务流程再造的基本内容

（一）观念的革新

要实施电子政务流程的再造，首先要对政府工作人员进行观念的更新。由于电子政务是一个新鲜事物，在应用过程中，不仅会为公民和政府人员带来工作上的便利，同时也会带来利益上的冲突，特别是在重塑流程的时候，不可避免地要涉及机构和人员的变动重组，可能会遇到强有力的抵触。另外，政务流程的再造强调公民的中心地位，这就要求政府工作人员要转变观念，将自己摆到服务者的位置。电子政务与传统政务的重要区别在于，电子政务的核心价值是塑造一个为公众服务的政府，一切政府的工作要着眼提高为公众服务的范围和质量。因此，政务流程再造首先应该从与公众密切相关的领域开始。而且，政府工作质量的评价标准应注重吸收公众的意见，建立起与公众沟通的通畅渠道，同时摆脱原有工作流程的条条框框，熟悉现代信息技术的工作方式，以适应新的政务流程。

（二）建立以服务对象为中心的政务流程

传统政务流程的设置大多基于政府机构自身管理的方便，提供的服务成本高、效率低。目前发达国家在政府门户网站的建设中，从两个方面构建以服务对象为中心的服务体系。一是对服务对象进行细分，比如美国联邦政府网站将服务对象分为四类：公民、企业和非政府组织、政府雇员以及在美外国人。而对公民类又细分为儿童、青年、父母、老人、军人、境外美国人等类别。二是以服务内容为导向，将相关的信息和服务按照主题进行集成。通过这两个方面的建设，电子政务的流程就超越了原有的部门分工，建立了服务对象在政府流程中的中心地位。

（三）规范政府部门内部业务流程

政府部门内部业务流程的规范是政务流程再造的一项基础性工程，其主要任务是以业务流为主线，将政府职能中带有不变性质的业务流逐个计算机化和网络化，并通过优化的方式以减少成本、提高效率。具体来说，就是依托部门内部的办公业务系统，以客户的"请求事件"为中心，以最大限度地满足客户需求为目标；在重新梳理、调整各科室职能的基础上，以相关科室为节点，将分散的业务处理统一起来进行"编辫子"，实现客户"请求事件"处理的程序化。电子政务流程需要打破部门界限，实现信息共享、联网办公和互动式作业，没有部门内部业务流程的规范化，就无法实现跨部门的应用和对接。业务流程规范化以后，电子政务处于等级体系底层的职员能够依据客户的请求独立地做出决定，他们所遵循的规则或标准是由决策者通过技术开发人员内嵌在软件中的，职员所做出的决定对于主管部门来说是透明的，系统会自动记录并报告职员执行程序时所出现的偏差。

(四)以"一站式"办公等形式推动跨部门政务协同

在传统政府流程中，由于各个部门的利益不同，普遍存在着各司其职、管好自己一亩三分地的倾向，只对自己部门负责，不对用户的需求负责。在这种情况下，即使要进行跨部门的业务协同，也通常要依赖较高层级的政府部门的协调。在电子政务推行过程，建设"一站式"办公系统成为解决这一问题的有效手段，它要求政府在追求管理服务整体效能过程中突破组织隔阂，通过资源共享来实现跨组织流程的对接和整合，最终形成一体化的政务处理。当公众的服务请求涉及多个政府部门的时候，系统会将这一请求自动分发到相关部门，相关部门依据各自的职能权限对同一个服务请求同时应答。把公民服务请求的处理过程看成数据响应过程，可以大大简化部门之间错综复杂的关系，实现数据面前人人平等。目前"一站式"办公系统在国内许多城市已经推广开来，通过行政审批和服务的技术平台，实现了基于信息共享、数据响应的跨部门协同，极大地降低了政务协同中的交易成本，提高了为公民和企业服务的效能。

三、适于流程再造的政府业务

利用电子政府来进行政务流程的再造，不仅意味着在流程中使用新技术手段来处理政府业务，而且它会对政府部门的活动内容、方式乃至机构和人员的组成提出变革的要求，在推行过程中会遇到较大的压力和阻力。因此，选择一些适于流程再造的政府业务，减少推行的阻力，对于电子政务在政府业务中的应用是非常重要的。一般来说，适合进行流程再造的政府业务有以下几个特点：

第一，流程应较为简单、规范。它们都属于具体的事务执行性流程，而不是充满了政治灵活性的公共管理流程。流程再造不可避免地要涉及众多的利益相关者，它们往往会在政治支持、政策影响和融资方面对政府施加压力，给改革造成障碍。因此再造必然以最容易突破的政府事务性流程为起点，逐步深化和扩展。

第二，流程与公众利益密切相关。适于流程再造的业务应具有明确的公共服务用户需求，并以此作为引导，在推行以后能够取得明显的应用效果。单独进行的某项行政活动只能增加开销，但如果能把多项活动整合起来形成流程，以需求为起点，以服务为输出，就能带来公共服务的价值增值。因此，公共服务的需求识别对于电子政务的流程再造是十分重要的，那些需求相对明确、流程改进方向明显的政府业务容易实现再造。

第三，核心业务数据流较为明确。适于流程再造的业务应具有一个主导功能和分工比较明晰齐全、关键流程容易辨别的政府部门，以便于迅速确定核心业务数据流，并以此为基础明确不同机构业务间的关联规则、序列模式和依赖关系，并进一步形成面向特定用户的"功能区"。流程再造意在加强横向的知识流动，拉紧部门之间原本松散联结的知识纽带，显露出各部门专业知识之间潜藏的联系；而业务主线的清晰辨别显然有助于把异构化、分散性的知识有逻辑性地组织起来。

具体来说，在目前政府所从事的业务中，可以首先对以下一些方面推行政务流程的再造：

（1）信息的发布和查询业务。比如由人事系统建立人力资源统一储备数据库，银行、税务、工商和认证机构共同筹建企业信用查询系统，允许社会各界在电子政务的协助下对个人和企业的基本信息、人力资源水平和信用状况进行确认查询；比如建立城市空间地理信息的共享与查询系统，这些资源分散在规划局、交通局、国土局、市政局、城管部门等众多机构中，将它们集中起来形成统一的城市空间地理信息数据库，无论对于公共管理、企业经营还是市民生活，都将提供极大的便利条件。

（2）行政许可项目。比如各类建筑项目的审批（包括国土局、房地产局、土地规划等部门）、投资项目审批（包括发改委、规划局、环保局、财政局等部门）、科研计划项目审批（科研机构、教育局、教育基金会）等；比如执照和许可证的获取，从用户提出许可或者执照的申请开始，其审批以及发放的全过程，都可以由电子政务系统来进行。另外，其他证件的管理，如户籍变更，发放检验检疫许可证、工商营业执照、人事调动许可证、进出口许可证等电子证件类业务，也可以建设相应的电子政务系统进行处理。

（3）政府沟通业务，包括政府与公民之间的沟通以及政府部门之间的协调。比如政府部门的投诉管理，从接到投诉，到投诉分析和调查，到决定的提出、讨论、寻找解决方法，再到采取行动。比如司法系统为企业和公民提供的权益保障服务，反贪局和信访部门提供的电子信访和投诉业务等。另外，应该大力建设一些涉及几个部门之间信息共享和协调行动的电子政务系统，如公共安全应急指挥系统，从公众发出呼救信号，到政府派遣人员，提供紧急服务，在各个部门间协作配合，到最后问题的解决和相关经验资料的存储，等等。常见于应对恐怖袭击、卫生疫情、煤矿安全、黑客病毒侵袭、环境污染等危害性强、受害面广，要求政府在极短时间内快速有效反应的情况。

基于电子政务的流程再造是政府检查、反思官僚制结构的弊端，在网络空间中面向需求、面向服务重新设计组织结构，通过强化部门之间的业务整合与协同，实现组织绩效改善的有力举措。它的产生是政府应对信息时代环境不确定性的结果，也是知识分工的深化对政府提出的要求，并正在成为各国政府信息化工作的关注点和着力点。随着信息技术的发展，电子政务的流程再造无论在深度上还是规模上，都将得到进一步的推进。

电子政务要确立公众在整个政务流程中的中心地位，而检验的最终标准就是看电子政务能不能为公众提供完善的服务，这一服务在中国主要表现在信息服务、互动交流和在线办事三项功能上。目前，在后面两项功能上长期处在低水平，这也反映了电子政务流程的再造是一个非常紧迫且艰巨的任务。

案例3-1　北京市海淀区利用电子政务系统加强农民工权益保障[①]

近年来，有关农民工的社会保障问题成为社会关注的热点，47%的农民工没有签订劳务合同，拖欠农民工工资的问题大量出现。而政府部门目前对农民工的社会保障问题的监管现状不容乐观。信息收集和处理主要依靠人工寻找，特别是主要依靠农民工的投诉来进行管理。政府监管的范围狭小，且其处理往往存在时间上的滞后性。

北京市海淀区为了加强农民工权益保障，对已有的政府流程进行梳理，利用电子政务系统在部门之间进行数据共享，建立新的业务流程，以实现部门间业务协同。首先，进行政务的梳理，这就需要明确这样三个问题：第一，对于农民工的社会保障问题，政府应该承担哪些职能；第二，哪些政府部门去实施落实这些职能；第三，涉及这些职能的业务，在信息上如何进行共享，业务过程如何整合起来以形成跨部门的协同。经过梳理发现，以下部门承担了农民工社会保障的具体管理功能：一是劳动保障局，涉及的是社保中心、医保中心、养老部门等。二是建设委员会，涉及工程科，行管科和建管科。通过对建委体系和劳动保障局业务的梳理，把与农民工保障问题的业务排列出来，这是完成了职能到业务梳理的第

---

① 柳进军. 政务信息资源目录体系与交换体系的建设与实践 [EB/OL]. [2007-04-05]. http://www.echinagov.com/echinagov/yanjiu/2007-4-5/13101.shtml.

一步。

第二步，在业务梳理以后，发现一些业务数据存在着强烈的共享要求。也就是说可以从建委获得关于建设方面很多的信息，比如说建设工程的名称、建设工程的单位，以及开工的日期、开工的面积。劳动和社会保障部门的监察工作，恰恰需要这些工程的名称、企业的名称、开工的面积。通过数据层的分析，找到共享的数据，同时在这个共享数据找到以后，通过共享这个数据的交换流程，最后为这个数据的共享找到合适的定位和路径，从而为业务协同打下良好的基础。

第二编
电子政务实验操作

第四章 G to G 模式的电子政务

第一节 实验1：政府办公自动化管理1

一、实验目的和要求

政府办公自动化是电子政务解决方案中最核心、最基础的部分，其成功应用与否将影响业务系统的应用和整个电子政务建设的成败。本部分实验突出了协同办公的特点，让实验者模拟不同的政府办公人员登录系统，进行协同办公，共同完成工作任务。其具体要求是：

（1）全面了解政府办公自动化管理的所有流程。

（2）熟练掌握政府办公自动化系统各功能模块的操作。

（3）以某一办公项目为核心，模拟政府机构不同职位和角色的人员，协同完成特定的工作任务。

二、实验内容

（1）政府办公自动化系统的系统管理。

（2）政府办公自动化系统的信息中心管理。

（3）政府办公自动化系统的日程管理。

（4）政府办公自动化系统的工作计划管理。

（5）政府办公自动化系统的个人信息管理。

（6）政府办公自动化系统的人事管理。

三、实验步骤

（一）政府办公自动化系统的系统管理

在本部分实验中，要求实验者掌握政府办公自动化系统（以下简称 OA 系统)的管理操作。实验者通过建立组织机构、设定职位、角色等操作，了解如何构建与 OA 系统对应的相关政府组织机构体系，从而为 OA 系统的顺利运行搭建起必要的平台。本部分实验主要包括 6 项内容。

1. 建立组织机构

在首次安装奥派政府办公自动化系统的时候，整个系统只是一个没有任何数据的平台。因此，必须通过"组织结构管理"模块提供的一系列功能和政府部门的实际情况来完成组织机构的设置，从而形成部门结构体系。

第一步：登录成功后，单击导航栏中的"系统管理"下面的"组织结构管理"，右框架中就会显示组织结构。

第二步：单击右框架中的"＋添加部门"按钮，就会添加一个部门节点，在节点上右键单击鼠标，出现下拉菜单，如图 4-1 所示。

图 4-1　添加部门

第三步：选择"设置属性"菜单项，进入添加部门界面，填写相关内容，如图 4-2 所示。

第四步：在建立好部门后，用鼠标从一个部门节点后的箭头拉到另一部门节点前面的圆点处，当鼠标变为"小手"的样子后松开鼠标，就建立起了两个部门之间的联系，如图 4-3 所示。

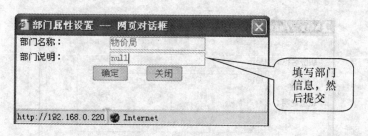

图 4-2　设置部门属性

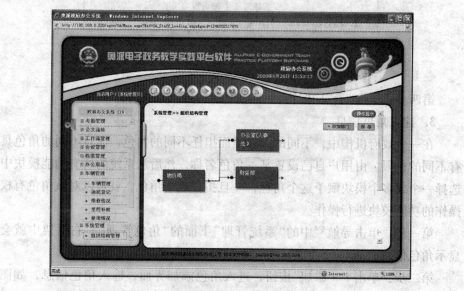

图 4-3　建立部门联系

2. 建立职位信息

每个部门都应该有相应的职位，不同的部门可以有相同的职位。在这里，由系统管理员或是具有权限的用户添加职位信息。

第一步：单击导航栏中的"系统管理"下面的"职位管理"，右框架中就会显示组织结构信息。

第二步：单击"＋添加"按钮，进入部门添加界面，填写部门信息，如图 4-4 所示。

第三步：单击"选择制订人"进入人员选择界面，可以按部门选择人员，也可以按职位选择人员。

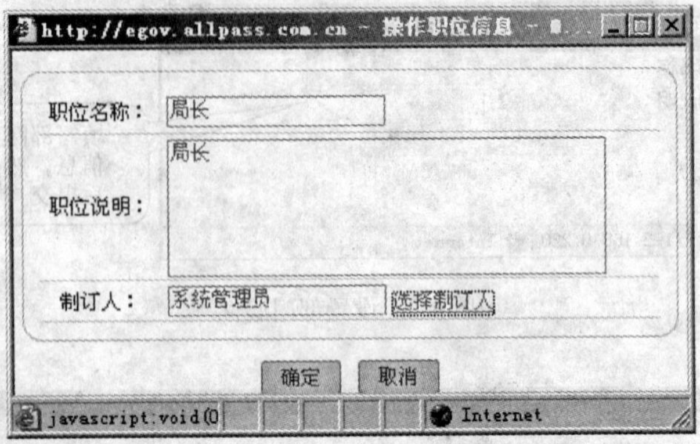

图 4-4 添加部门信息

第四步：单击"确定"按钮，一条职位信息就添加成功。

3. 建立角色信息

在一个政府机构中，不同的人在里面担任不同的角色，而且不同的角色具有不同的权限。由用户自己设置某一角色名称，然后从系统的所有功能模块中选择一个或多个模块赋予这个角色，一旦担任这个角色，就可以对该角色有权操作的功能模块进行操作。

第一步：单击导航栏中的"系统管理"下面的"角色管理"，右框架中就会显示角色信息记录。

第二步：单击" + 添加"按钮，进入角色添加界面，输入角色信息，如图4-5 所示。

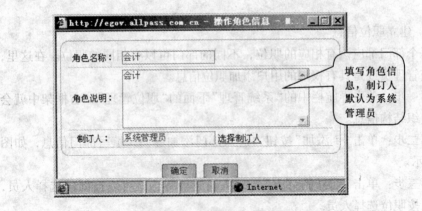

图 4-5 添加角色信息

第三步：填写好信息以后，单击"确定"按钮，系统提示"保存成功"就添加了一条角色信息。

第四步：选中记录前面的单选按钮，单击"授权"按钮，给该角色授权，担任该角色的人员都具有该角色的权限。

第五步：在模块的下操作前面的方框打"√"，如图4-6所示。

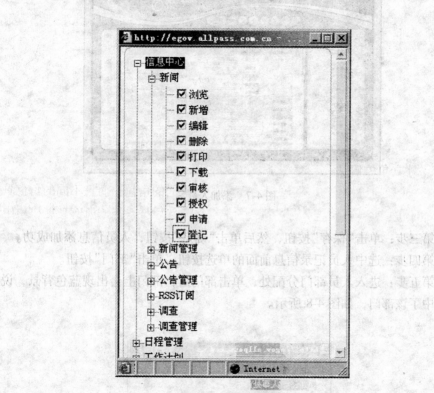

图4-6　给角色授权

第六步：单击"授权"按钮后，该角色模块就授权成功。

4．增加人员

在组织结构、职位信息、角色信息设置好以后，就可以增加、修改、删除人员信息，为人员分配部门、职位和角色。如果该人员担任角色，就具有该角色具有的所有权限，而且可以给用户单独分配模块的使用权限。

第一步：单击导航栏中的"系统管理"下面的"人员管理"，右框架中就会显示人员信息记录。

第二步：单击"＋添加"按钮，进入人员添加界面。输入人员信息，如图
4-7 所示。

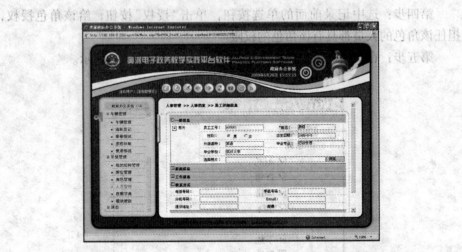

图 4-7　添加人员

第三步：单击"保存"按钮，然后单击"确定"按钮，人员信息添加成功。
第四步：选中人员记录信息前面的单选按钮，单击"部门"按钮。
第五步：进入人员部门分配处，单击部门后，部门上会出现蓝色背景，说
明选中了该部门，如图 4-8 所示。

图 4-8　分配部门

第六步：单击"确定"按钮，系统提示操作成功对话框，即部门分配成功。

第七步：选中人员记录信息前面的单选按钮，单击"职位"按钮，如图4-9所示。

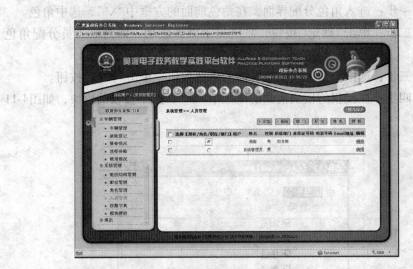

图4-9 选择"职位"按钮

第八步：进入人员职位分配界面，在职位前面的方框中打"√"选中职位，如图4-10所示。

图4-10 分配职位

53

第九步：单击"确定"按钮，系统提示操作成功，即为该人员分配职位成功。

第十步：选中人员记录信息前面的单选按钮，单击"角色"按钮。

第十一步：进入角色分配界面，在角色前面的方框中"√"，选中角色。

第十二步：单击"确定"按钮，系统提示操作成功，即为该人员分配角色成功。

第十三步：选中人员记录信息前面的单选按钮，单击"授权"按钮。

第十四步：在授权的模块前面的框框中"√"，选中授权的模块，如图4-11所示。

图4-11　为人员授权

第十五步：单击"确定"按钮，系统提示操作成功，即为该人员分配权限成功。

5. 查看模块的权限字典

在图4-12所显示的页面中，单击导航栏中的"系统管理"下面的"权限字典",右框架中就会显示模块的所有权限以及权限的有关描述。

图 4-12　权限字典查询

(二)政府办公自动化系统的信息中心管理

OA 系统的"信息中心"模块是通过计算机网络在政府部门员工之间、部门之间进行信息交流与共享的公共平台。在这里,员工可以查看组织中的最新新闻、各种公告等;通过使用 RSS 订阅功能,可以即时查看互联网站点的新闻信息;还可以发起部门内部调查,并查看投票情况。本部分实验要求实验者掌握"信息中心"模块的新闻管理、公告管理、RSS 订阅以及调查管理等内容的操作。

1. 新闻管理

在部门内部的新闻平台,具有管理权限的员工可以对新闻进行阅读、发布、删除操作,并且可以对新闻类别和新闻的启、禁用进行设置。一般员工只有阅读、发布新闻的权限。

第一步:单击导航栏中"信息中心"下面的"新闻管理",弹出新闻管理页面,如图 4-13 所示。

第二步:单击图 4-13 中的"管理类别"按钮,弹出新闻类别页面,如图 4-14所示。

图 4-13　新闻管理页面

图 4-14　新闻类别页面

第三步：添加新闻类别。单击图 4-14 中的"添加"按钮，弹出新闻类别添加页面，如图 4-15 所示。

图 4-15 添加新闻类别

第四步：添加新闻。单击导航栏中"信息中心"下面的"新闻"，弹出新闻页面。单击"添加"按钮，弹出新闻添加页面，添加完新闻后单击"提交"按钮，添加新闻成功，如图 4-16 所示。

图 4-16 添加新闻

2. 公告管理

第一步：单击导航栏中"信息中心"下面的"公告"，弹出公告页面。

第二步：添加公告。单击"添加"按钮，弹出公告添加页面，添加完公告后单击"提交"按钮，添加公告成功，如图4-17所示。

图4-17　添加公告

第三步：公告管理。单击导航栏中"信息中心"下的"公告管理"，弹出公告管理页面。单击"状态"图标，可以更改公告的状态(初始状态为"启用")，如图4-18所示。

图4-18　更改公告的状态

3. RSS 订阅

RSS 是在线共享内容的一种简易方式，员工通过 RSS 订阅新闻频道，可以获得最新的新闻内容。

第一步：单击导航栏中"信息中心"下的"RSS 订阅"，弹出 RSS 订阅页面，如图 4-19 所示。

图 4-19　RSS 订阅页面

第二步：添加 RSS 频道。单击图 4-19 中"RSS 频道"按钮，进行 RSS 频道的添加。

4. 调查管理

具有管理权限的员工可以对调查进行发布、阅读、删除操作，并且可以对调查类别和调查的启、禁用进行设置。

第一步：单击导航栏中"信息中心"下的"调查管理"，弹出调查管理页面，如图 4-20 所示。

第二步：管理调查类别。单击图 4-20 中"管理类别"按钮，弹出调查类别页面，可以对调查类别进行编辑，如图 4-21 所示。

第三步：设置调查类别。单击图 4-21 中"添加"按钮，弹出调查类别添加页面，可以对调查类别进行添加，如图 4-22 所示。

第四步：发起调查。单击导航栏"信息中心"下的"调查"，弹出调查设置页面。单击"添加"按钮，设置调查信息，然后单击"提交"按钮，即可发起调查，如图 4-23 所示。

图 4-20　调查管理页面

图 4-21　管理调查类别

图 4-22　设置调查类别

图 4-23　发起调查

（三）政府办公自动化系统的日程管理

在本部分实验中，可以模拟政府部门员工的角色填写每天的工作日志，在填写日志时，可将当天的工作填写一份工作日志，也可以分时间段填写多个明细日志。员工可以发起协作事件，要求其他员工配合完成某项工作。

1. 日程类别操作

部门员工可以通过此模块来设定个人的日程类别，并且可以对日程类别进行添加、编辑、删除操作。

第一步：单击导航栏中"日程管理"下的"日程类别"，弹出日程类别页面。

第二步：设置日程类别。单击日程类别页面中的"添加"按钮，弹出日程类别设置页面。设置完日程类别后，单击"提交"按钮，如图 4-24 所示。

图 4-24　设置日程类别

2. 我的日程操作

员工可以添加自己的工作日程，并且可以按日、按周、按月和列表形式对日程进行查看操作。

第一步：单击导航栏中"日程管理"下的"我的日程"，弹出"我的日程"页面，可查看本人的所有日程安排。

　　第二步：设置日程。单击"我的日程"页面中的"添加"按钮，弹出日程设置页面。设置完相关日程后，单击"提交"按钮，如图 4-25 所示。

图 4-25　设置日程

3. 协同事件操作

　　员工可以发起协同办公事件，要求其他员工共同完成某项工作，如果遇到时间有冲突，那就另行选择合适时间。员工可以对协同事件进行添加、删除、检查冲突等操作。

　　第一步：单击导航栏中"日程管理"下的"协同事件"，弹出协同事件页面。

　　第二步：设置协同事件。单击协同事件页面中的"添加"按钮，弹出协同事件设置页面。设置完相关协同事件后，单击"提交"按钮，如图 4-26 所示。

（四）政府办公自动化系统的工作计划管理

　　工作计划管理可针对整个组织机构、部门或具体的工作项目进行管理。在本部分实验中，实验者可以模拟管理人员制订整个机构工作计划、部门工作计划或项目工作计划，同时将这些计划分解到具体的执行人员，并可以随时检查计划的执行情况。员工根据分配到的工作计划，可以定期上传相应的工作报告，填写工作日志，同时可以上传相应的附件。

图 4-26　设置协同事件

工作计划管理的处理流程：首先设置、建立相应的计划类别和报告类别；然后即可制订相应的工作计划并进行计划的分解，然后指定相应的执行负责人；执行负责人填写相应的工作报告和工作日志；计划的制订人员（发布人）可随时检查计划的执行情况，对员工完成的任务进行检查，考评和管理；当员工执行完某个工作计划时，可提出完成申请，由计划的发布人负责核准。

1. 报告类别操作

报告类别管理可以使员工或计划负责人更加明确自己所要提交的工作报告或其他相关报告的性质，员工可以对报告类别进行添加、删除和编辑操作。

第一步：单击导航栏中"工作计划"下的"报告类别"，弹出报告类别页面。

第二步：设置报告类别。单击报告类别页面中的"添加"按钮，弹出报告类别设置页面。设置完相关报告类别后，单击"提交"按钮，如图 4-27 所示。

2. 计划类别操作

管理员可以根据部门中的实际情况，对计划类别进行添加、删除和编辑等操作。

第一步：单击导航栏中"工作计划"下的"计划类别"，弹出计划类别页面。

第二步：设置计划类别。单击计划类别页面中的"添加"按钮，弹出设置计划类别页面。设置完相关计划类别后，单击"提交"按钮，如图 4-28 所示。

图 4-27 设置报告类别

图 4-28 设置计划类别

3. "我的计划"操作

计划制订人通过"我的计划"模块，可以制订相应的工作计划，并且可以对计划进行分解并落实到具体的员工。计划制订人具有对计划进行分解、考评、核准计划完成情况，并终止计划执行等权限。

第一步：单击导航栏中"工作计划"下的"我的计划"，弹出工作计划页面。如图 4-29 所示。

图 4-29　工作计划页面

第二步：添加工作计划。单击工作计划页面中的"添加"按钮，弹出计划添加页面，如图 4-30 所示。

第三步：分解工作计划。单击图 4-29 中的分解数字（初始为 0 个），可以对计划进行分解，弹出如图 4-31 所示页面。

第四步：添加子计划。单击图 4-31 中"添加子计划"按钮，弹出子计划添加页面。添加完相关子计划后，单击"提交"按钮。

第五步：单击图 4-29 中的日志数字（初始为 0 个），可以对执行中的计划进行日志记录，弹出如图 4-32 所示页面。

第六步：添加日志。单击图 4-32 中的"添加日志"按钮，弹出计划日志添加页面。添加完相关日志后，单击"提交"按钮。

第七步：单击图 4-29 中的费用数字（初始为 0 条），可以对执行计划过程产生的费用进行记录，弹出如图 4-33 所示页面。

图 4-30　添加计划页面

图 4-31　添加子计划

图 4-32　计划日志列表

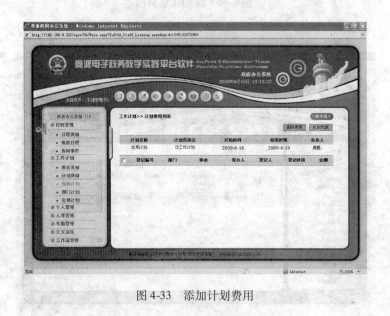

图 4-33　添加计划费用

　　第八步：添加费用。单击图 4-33 中的"添加费用"按钮，弹出计划费用添加页面。添加完相关计划费用后，单击"提交"按钮。

第九步：在计划执行的过程中，执行人需要定期对计划负责人进行汇报。单击图 4-29 中的报告数字（初始为 0 个），会弹出如图 4-34 所示页面。

图 4-34　计划报告列表

第十步：添加计划报告。单击图 4-34 中的"添加报告"按钮，弹出计划报告添加页面。添加完相关计划报告后，单击"提交"按钮。

第十一步：单击图 4-29 中的图标，会弹出如图 4-35 所示页面。

图 4-35　"我的计划"页面

第十二步：如果在计划进行的过程中要对计划进行临时中止，单击图4-35中的"中止计划"。

第十三步：如果计划已经完成，可以单击"提交申请"，申请完成全部计划。

(五)政府办公自动化系统的个人信息管理

在政府OA系统中，"个人管理"模块主要用于员工个人信息的保存和处理。它由首页设置、个人通讯录、公共通讯录、邮件管理、内部短信和个人维护等功能模块构成。在本部分实验中，可以模拟政府部门员工对个人和公共通讯录进行添加、删除操作，还可以通过邮件管理和内部短信与同事进行即时的沟通和交流。

1. 个人通讯录操作

在本部分实验中，可以模拟政府部门工作人员把自己的通讯录添加在个人通讯录里，并且可以对个人通讯录进行添加、删除、查询、编辑等操作。

第一步：单击导航栏中"个人管理"下的"个人通讯录"，弹出个人通讯录页面，如图4-36所示。

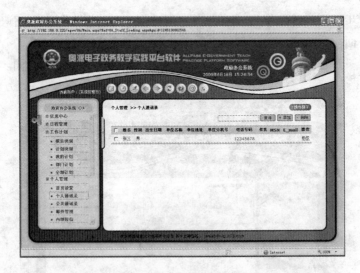

图4-36 个人通讯录页面

第二步：添加个人通讯录。单击图4-36中的"添加"按钮，弹出个人通讯录操作页面。添加完个人通讯录后，单击"保存"按钮，如图4-37所示。

图 4-37　添加个人通讯录

2．公共通讯录操作

公共通讯录是指部门内部的通讯录，普通员工只能对公共通讯录进行查询操作，具有权限的员工才可以对公共通讯录进行添加、删除和编辑操作。

第一步：单击导航栏中"个人管理"下的"公共通讯录"，弹出公共通讯录页面。

第二步：添加公共通讯录。单击公共通讯录页面中的"添加"按钮，弹出公共通讯录操作页面。添加完公共通讯录后，单击"保存"按钮。

3．邮件管理操作

邮件可以分为内部邮件和外部邮件，内部邮件可以直接发送和接收，同时可以以附件的形式发送文档资料，外部邮件类似于 Outlook，可以根据个人邮箱账号直接发送和接收外部邮件。

第一步：单击导航栏中"个人管理"下的"邮件管理"，弹出邮件管理页面。

第二步：撰写邮件并发送。单击邮件管理页面中的"写新邮件"，弹出邮件撰写页面。邮件撰写好后，单击"发送"按钮，即可将邮件发送出去。

4．内部短信操作

内部短信模块是提供给内部员工进行即时通讯而设置的，这样可以使员工更好地互动交流。

第一步：单击导航栏中"个人管理"下的"内部短信"，弹出内部短信页面，如图 4-38 所示。

图 4-38　内部短信页面

第二步：撰写短信并发送。单击图 4-38 中的"写新消息"，弹出新的短信撰写页面。短信撰写好后，单击"发送"按钮，即可发送出去，如图4-39所示。

图 4-39　发送短信

（六）政府办公自动化系统的人事管理

本部分实验要求实验者熟悉政府 OA 系统的人事管理功能，并掌握相关操作。政府部门人事管理主要由人事档案、调动分配、异动记录、培训记录、奖惩记录、考核记录等基本要素构成。在本部分实验中，实验者可以模拟政府人事管理部门对员工信息进行添加、修改和删除操作。此外还可以对员工信息进行维护，具体包括调动分配、异动记录、培训记录、奖惩记录、考核记录等情况的维护。

1. 调动分配操作

第一步：单击导航栏中"人事管理"下的"调动分配"，弹出调动分配页面，如图 4-40 所示。

图 4-40　调动分配页面

第二步：员工异动操作。单击图 4-40 中的"调动分配"，弹出员工异动操作页面。办理好相关员工的工作调动后，单击"保存"按钮，如图 4-41 所示。

2. 异动记录操作

在异动记录模块中可以看到所有员工的异动记录信息，并且可以对记录进行删除操作。

图 4-41　员工异动操作

单击导航栏中"人事管理"下的"异动记录"，弹出异动记录页面，可查看到所有异动记录。如果需要删除某条异动记录，单击"删除"按钮即可，如图4-42 所示。

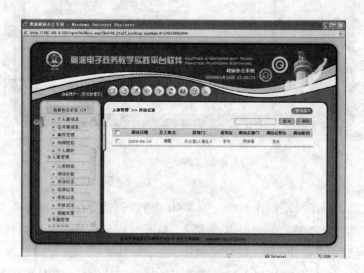

图 4-42　异动记录页面

3. 培训记录操作

培训记录模块用于对员工的培训内容进行信息记录，用户可以对培训记录进行查询、添加、删除和编辑操作。

第一步：单击导航栏中"人事管理"下的"培训记录"，弹出培训记录页面，可查看所有培训记录。

第二步：添加培训记录。单击培训记录页面中的"添加"按钮，弹出培训记录添加页面。添加完培训记录后，单击"保存"按钮即可，如图4-43所示。

图 4-43 添加培训记录

4. 奖惩记录操作

奖惩记录模块用于对员工的奖惩内容进行信息记录，它可以对奖惩记录进行查询、添加、删除和编辑操作。

第一步：单击导航栏中"人事管理"下的"奖惩记录"，弹出奖惩记录页面，可查看所有奖惩记录。

第二步：添加奖惩记录。单击奖惩记录页面中的"添加"按钮，弹出奖惩记录添加页面。添加完奖惩记录后，单击"保存"按钮即可。

5. 考核记录操作

考核记录模块用于对员工的考核内容进行信息记录，它可以对考核记录进行查询、添加、删除和编辑操作。

第一步：单击导航栏中"人事管理"下的"考核记录"，弹出考核记录页面，可查看所有考核记录。

第二步：添加考核记录。单击考核记录页面中的"添加"按钮，弹出考核记录添加页面。添加完考核记录后，单击"保存"按钮即可。

四、实验题

（1）选择某一具体的政府行政部门，根据该部门的实际情况，在办公自动化系统中设定相应的组织机构，建立部门关联，并设置相应的职位信息和角色信息。

（2）学生分成小组，模拟某一政府行政部门不同岗位的工作人员，利用政府办公自动化系统进行工作计划的管理。首先，设置并建立相应的计划类别和报告类别，然后制订相应的工作计划并进行计划的分解，指定相应的执行负责人。执行负责人填写相应的工作报告和工作日志；计划的制订人员（发布人）随时检查计划的执行情况，对员工完成的任务进行检查、考评和管理。当员工执行完某个工作计划时，提出完成申请，由计划的发布人负责核准。

（3）学生模拟政府部门人事管理人员，在政府办公自动化系统中完成员工人事信息的维护、工作调动分配、人事异动、培训考核以及奖励惩罚等方面的人事管理工作。

第二节 实验 2：政府办公自动化管理 2

一、实验目的和要求

政府办公自动化是电子政务解决方案中最核心、最基础的部分，其成功应用与否将影响业务系统的应用和整个电子政务建设的成败。本部分实验突出了协同办公的特点，让实验者模拟不同的政府办公人员登录系统，进行协同办公，共同完成工作任务。其具体要求是：

（1）全面了解政府办公自动化管理的所有流程。

（2）熟练掌握政府办公自动化系统各功能模块的操作。

（3）以某一办公项目为核心，模拟政府机构不同职位的角色，协同完成特定的工作任务。

二、实验内容

(1)政府办公自动化系统的考勤管理。

(2)政府办公自动化系统的公文流转管理。

(3)政府办公自动化系统的会议管理。

(4)政府办公自动化系统的档案管理。

(5)政府办公自动化系统的车辆管理。

三、实验步骤

(一)政府办公自动化系统的考勤管理

本部分实验通过建立对员工考勤的管理，让实验者了解到考勤系统对政府部门的日常考勤所起的管理作用。考勤管理操作包括单位内部员工上下班登记、个人查询、设置休息日、假别设置、参数设置、请假销假、加班确认等，其中请假申请和加班申请在办公申请中实现。

1. 上下班登记

第一步：单击导航栏中"考勤管理"下的"上下班登记"，如图4-44所示。

图4-44　上下班登记

第二步：签退。如图 4-44 所示，在当天考勤记录后有"签退"链接，单击"签退"，显示签退的时间，如图 4-45 所示。

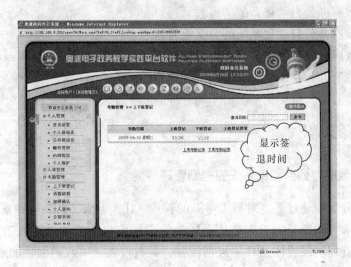

图 4-45　签退

2. 个人查询

第一步：单击导航栏中"考勤管理"下的"个人查询"，将显示个人考勤信息，如图 4-46 所示。

图 4-46　个人查询

第二步：单击"显示明细"按钮，显示考勤的详细信息，如图 4-47 所示。

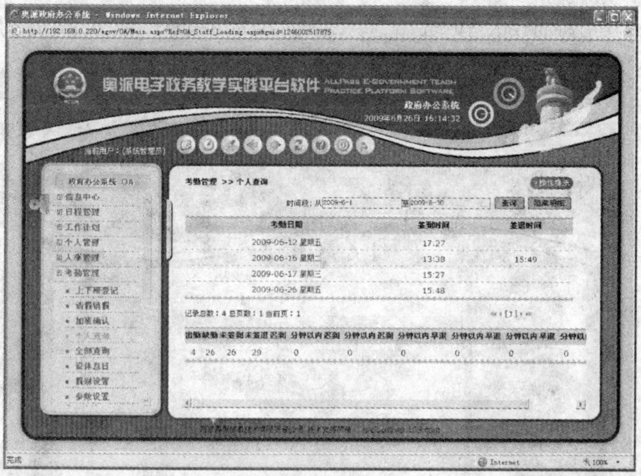

图 4-47　考勤明细

3. 设置休息日

第一步：单击导航栏中"考勤管理"下的"设休息日"，如图 4-48 所示。

图 4-48　休息日设置

第二步：在要设置成休息日的日期前面的方框中打"√"，单击"保存"按钮。

4. 假别设置

第一步：单击导航栏中"考勤管理"下的"假别设置"。

第二步：单击"添加"按钮，进入假别添加界面，输入假别的名称，如图 4-49 所示。

图 4-49　假别设置

第三步：单击"保存"按钮，系统提示操作成功。

5. 参数设置

第一步：单击导航栏中"考勤管理"下的"参数"，如图 4-50 所示。

图 4-50　参数设置

80

第二步：输入参数信息，单击"保存"按钮，系统提示"保存成功"。

6. 请假销假

第一步：单击导航栏中"考勤管理"下的"请假销假"，如图 4-51 所示。

图 4-51 请假销假

第二步：单击"添加"按钮，进入请假添加界面。输入请假的消息，单击"提交"按钮，如图 4-52 所示。

图 4-52 请假信息

7. 加班确认

设置方法同"请假销假"。

(二)政府办公自动化系统的公文流转

公文是政府机关处理公务的重要工具，在各个政府机构中，"办公"的一项重要内容就是办理和拟制公文，即"办文"。"办文"是每个机关大量的、日常的工作。依靠信息网络技术对公文进行高效有序的电子化处理，是电子政务建设的重要组成部分，是关系到电子政务建设全局的基础性工作。当前电子政务建设之所以有别于传统的政府信息化建设，其重要标志就是特别强调统一标准、互联互通，而公文流转的实现则是政府互联互通的重要手段。

在公文流转管理模块中，通过建立公文流转的流程，让实验者了解到公文是如何一步一步流转的，并且通过对公文的管理和维护，对公文系统有进一步的了解。

1. 密级管理

本部分操作主要用来设置公文的密级。

第一步：单击导航栏中"公文流转"下面的"密级管理"，如图 4-53 所示。

图 4-53　密级管理

第二步：单击"添加"按钮，进入密级设置界面，填写密级信息，如图4-54所示。

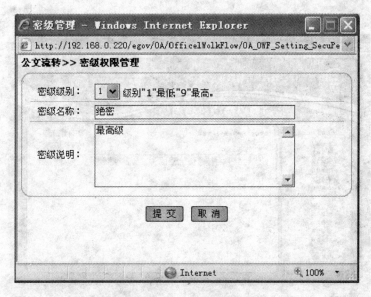

图 4-54　密级设置

第三步：输入密级信息后，单击"提交"按钮，系统提示添加成功。

2．类别管理

本部分操作主要用来设置公文的类别，设置方法同"密级管理"。

3．公文模板设定

本部分操作用来定义单位常用公文的正文格式模板，在新建公文时，可以在这些公文模板的基础上生成相应的公文。

第一步：单击导航栏中"公文流转"下面的"公文模板"，如图 4-55 所示。

第二步：单击"添加"按钮，进入公文模板添加界面。

第三步：设置公文名称和说明。在"名称"文本框中输入公文模板名称，在"说明"文本框中输入说明内容，如图 4-56 所示。

第四步：设置公文内容格式。输入一段公文内容，对其字体、字号、颜色、对齐方式等格式进行设置，如图 4-57 所示。

第五步：单击"提交"按钮，系统提示"添加成功"。

4．发文拟制

本部分实验由实验者模拟具有公文拟制权限的员工进行新增公文，录入、编辑公文属性，根据公文模板建立并在线编辑公文正文，上传公文附件，订制公文流转工作流等操作。

图 4-55　公文模板界面

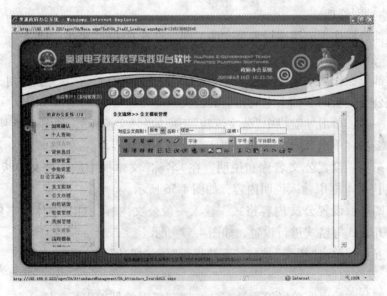

图 4-56　设置公文名称和说明

图 4-57 设置公文内容格式

第一步：单击导航栏中"公文流转"下面的"发文拟制"。

第二步：单击"拟制公文"按钮，进入公文拟制界面，输入公文信息，如图 4-58 所示。

图 4-58 公文拟制界面

第三步：单击"保存"按钮，系统提示保存成功后，在下方多了个"定制工作流程"按钮。单击"定制工作流程"按钮，进入流程定制界面。选择已有的流

85

程，单击"套用"按钮，如图 4-59 所示。

图 4-59　流程定制界面

第四步：系统提示操作成功对话框，单击"确定"按钮，流程图就发生了
变化，如图 4-60 所示。

图 4-60　公文流转流程图

第五步：单击图 4-60 中的"返回"按钮，界面中多了个"进入流程"按钮，
如图 4-61 所示。

图 4-61　发文拟制界面

第六步：单击"进入流程"按钮，进入流程。

5．公文办理

公文办理是指在公文流转过程中，有关人员对公文进行的相应处理工作。

第一步：单击导航栏中"公文流转"下面的"公文办理"。

第二步：单击操作中的"办理"链接，进入公文办理界面，如图 4-62 所示。

图 4-62　公文办理界面

第三步：公文办理完毕后，单击"流转下级"按钮，进入公文的下级审批。系统提示"流转成功"对话框，则成功流转下级。

6. 归档销毁

本部分实验要求对已经办理完毕的公文按归档类型目录进行归档，已归档的公文可以改变归档目录，并可以对已经归档的公文进行销毁。

第一步：单击导航栏中"公文流转"下面的"归档销毁"，如图4-63所示。

图4-63 归档销毁界面1

第二步：单击记录后面的"归档"链接，进入归档界面，如图4-64所示。

第三步：单击"提交"按钮，系统提示"归档成功"对话框。成功归档后，记录后的状态变为"已归档"，操作记录变为"修改归档情况，销毁"，如图4-65所示。

第四步：单击"销毁"链接，系统进入档案界面，如图4-66所示。

第五步：单击"提交"按钮，系统提示能否销毁，如图4-67所示。若档案的保存时间还没到，则此文件不能销毁，只有时间到了，才可以销档。

(三)政府办公自动化系统的会议管理

会议管理是对会议流程及其相关事务进行综合管理，包括会议室管理、会议室查询、会议登记、会议通知、会议纪要及其他会议信息的管理。

图 4-64　文件归档界面

图 4-65　归档销毁界面 2

图 4-66　档案界面

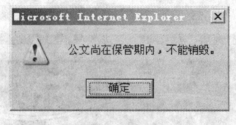

图 4-67　系统提示

1. 会议室管理

会议室管理模块显示会议室的详细信息，实验者可以对会议室进行添加、删除和修改操作。

第一步：单击导航栏中"会议管理"下的"会议室管理"，弹出会议室管理界面，如图 4-68 所示。

第二步：单击图 4-68 中的"添加"按钮，弹出会议室登记界面，如图 4-69 所示。

2. 会议室查询

实验者可以查询添加的会议室信息，并且可以查看相应会议室的预订情况。

图 4-68　会议室管理界面

图 4-69　会议室登记界面

单击导航栏中"会议管理"下的"会议室查询",弹出会议室查询界面,如图 4-70 所示。

图 4-70 会议室查询界面

3. 会议登记

实验者可以对会议详情进行登记,并且可以对会议登记记录进行添加、删除、修改等操作,还可以直接添加会议纪要信息,发布会议通知。

第一步:单击导航栏中"会议管理"下的"会议登记",弹出会议登记界面,如图 4-71 所示。

第二步:添加会议登记。单击图 4-71 中的"添加"按钮,弹出会议登记添加界面,如图 4-72 所示。

4. 会议通知

实验者对会议的信息进行发布,并生成会议通知,其他人便可以查看会议通知。

单击导航栏中"会议管理"下的"会议通知",弹出会议通知界面,如图 4-73所示。

5. 会议纪要

实验者可以为某个会议添加会议纪要信息,并且可以上传同会议相关的附件。

图 4-71　会议登记界面

图 4-72　添加会议登记

图 4-73　会议通知界面

第一步：单击导航栏中"会议管理"下的"会议纪要"，弹出会议纪要界面，如图 4-74 所示。

图 4-74　会议纪要界面

第二步：添加会议纪要信息。单击图 4-74 中的"会议纪要"，弹出会议纪要信息添加界面，如图 4-75 所示。

图 4-75　添加会议纪要信息

6. 会议信息

实验者通过会议信息模块，可以查看会议详细信息与会议通知发布情况。

单击导航栏中"会议管理"下的"会议信息"，弹出会议信息界面，如图 4-76所示。

图 4-76　会议信息界面

(四)政府办公自动化系统的档案管理

档案管理是每个政府机构必不可少的重要管理项目，档案作为重要的历史凭证与决策依据，是每个管理者所必须重视的。办公中形成的各类文件可直接归档到档案管理系统，并按档案管理规范进行管理和利用，实现文档管理的一体化。本部分实验包括档案管理、档案搜索和回收站管理三项内容。

1．档案管理

第一步：单击导航栏中"档案管理"中的"档案管理"，弹出档案管理界面，如图4-77所示。

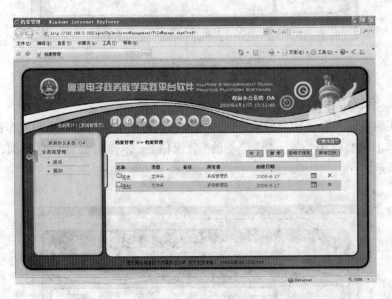

图4-77　档案管理界面

第二步：新增文件夹。单击图4-77中的"新增文件夹"按钮，弹出新增文件夹界面，如图4-78所示。

第三步：新增文件。单击图4-77中的"新增文件"按钮，弹出新增文件界面，如图4-79所示。

2．档案搜索

在档案搜索模块中，可以根据文件的文件名、文件关键字、包含文字以及文件所有者来搜索需要的文件。

图 4-78　新增文件夹

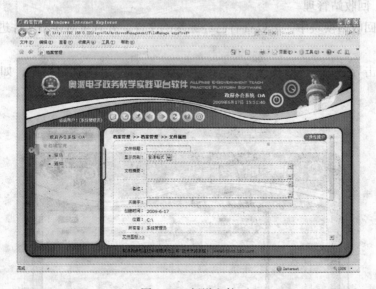

图 4-79　新增文件

　　单击导航栏中"档案管理"下的"档案搜索"，弹出档案搜索界面，如图4-80所示。

图 4-80　档案搜索界面

3．回收站管理

在回收站模块中，可以查看已经删除的文件，并且可对误删文件进行恢复操作。

单击导航栏中"档案搜索"下的"回收站"，弹出回收站界面，如图 4-81 所示。

图 4-81　回收站界面

(五)政府办公自动化系统的办公用品管理

在办公系统模块中，通过建立对办公用品的管理，让实验者了解到办公用品作为政府日常工作的必需品，如何对其进行管理。办公用品管理模块为管理人员提供了办公用品的库存、采购、库存报警功能以及用品的领用采购查询和统计功能。办公用品的领用申请和办公用品的采购申请在办公事务申请中实现，审批登记在工作流管理的事务登记模块中实现。本部分实验主要包括用品类别管理、用品管理、预算管理、用品采购、用品统计、部门统计、库存报警七项内容。

1. 用品类别管理

使用本功能可以对常用的办公用品类别进行统一的管理和维护。

第一步：单击导航栏中"办公用品"下的"用品类别"，弹出用品类别界面，如图 4-82 所示。

图 4-82　用品类别界面

第二步：添加用品类别。单击"添加"按钮，进入用品类别添加界面，如图 4-83 所示。

2. 用品管理

实验者模拟办公用品管理人员使用本功能建立和维护用品目录，同时可以查询指定办公用品的采购入库数、平均进价、领用数和当前库存。

图 4-83 添加用品类别

第一步：单击导航栏中"办公用品"下的"用品管理"，弹出用品管理界面，如图 4-84 所示。

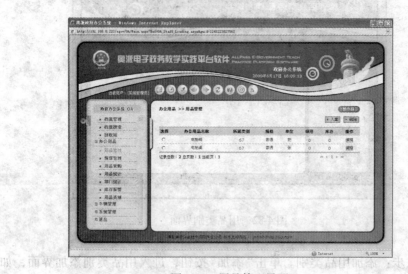

图 4-84 用品管理界面

第二步：添加办公用品。单击"入库"按钮，进入用品添加界面，如图 4-85所示。

图 4-85　添加办公用品

　　第三步：输入用品信息，点击"保存"按钮，系统提示入库成功。

3. 预算管理

此模块用来实现对单位部门在一定时间内预算额的设置。

第一步：单击导航栏中"办公用品"下的"预算管理"，弹出预算管理界面，如图 4-86 所示。

图 4-86　预算管理界面

第二步：设置预算信息。单击部门记录后的"设置"链接，进入预算设置界面，设置预算金额。

第三步：输入预算金额，单击"保存"按钮，系统提示设置成功。

4. 用品采购（采购用品管理中已有的用品）

实验者模拟办公用品管理人员使用本功能进行办公用品的采购登记入库处理，在这里只可采购用品管理中已有的用品类型。

第一步：单击导航栏中"办公用品"下的"用品采购"，弹出用品采购界面，如图 4-87 所示。

图 4-87　用品采购界面

第二步：添加采购单信息。单击"添加"按钮，进入用品添加界面，如图 4-88所示。

第三步：单击"选择办公用品"按钮，进入用品选择界面，如图 4-89 所示。

第四步：选择用品，单击"确定并关闭"按钮。

第五步：设置采购数量。在"添加采购单信息"界面里输入采购数量，如图 4-90 所示。

第六步：单击"保存"按钮，系统提示"添加购物单成功"，如图 4-91 所示。

5. 用品统计

此功能用于对办公用品进行分类统计查询操作。

图 4-88　添加采购单信息

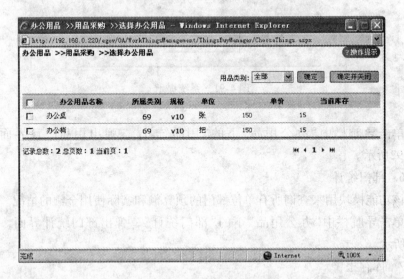

图 4-89　用品选择界面

图 4-90 设置采购数量

图 4-91 系统提示

单击导航栏中"办公用品"下的"用品统计",弹出用品统计界面,如图 4-92所示。

6. 部门统计

该功能模块用来查询所有单位部门的预算额和实际使用金额的情况。

单击导航栏中"办公用品"下的"部门统计",弹出部门统计界面,如图 4-93所示。

7. 库存报警

此功能模块用来对办公用品库存进行报警查询。当办公用品的数量少于设置的报警数量时,系统做出报警显示。在报警显示列表中点击相应的用品名称,可以查看相应办公用品的详细信息。

图 4-92　用品统计界面

图 4-93　部门统计界面

单击导航栏中"办公用品"下的"库存报警",弹出库存报警界面,如图 4-94 所示。

图 4-94　库存报警

（六）政府办公自动化系统的车辆管理

车辆管理操作主要是针对机构内部的车辆进行统一的管理，包括车辆的基本信息、使用信息、维修信息、油耗信息等。用车申请和维修申请在办公事务申请模块中进行，在工作流管理系统中的事务登记模块中实现审批登记处理。本部分实验包括车辆管理、油耗登记、维修记录管理、里程补贴管理和使用情况管理五项内容。

1．车辆管理

实验者模拟车辆管理人员使用本功能实现对机构车辆的统一管理和维护。在车辆管理界面中用户可以自定义车辆状态字典和车辆类型字典，可以新增、修改、删除车辆信息。

第一步：单击导航栏中"车辆管理"下的"车辆管理"模块，弹出车辆信息界面，如图 4-95 所示。

第二步：单击"车辆类型字典"，进入车辆类型管理界面，如图 4-96 所示。

第三步：添加车辆类型。单击"新增"按钮，进入车辆类型添加界面，如图 4-97 所示。

第四步：单击图 4-95 中的"车辆状态字典"，进入车辆状态管理界面，如图 4-98 所示。

图 4-95　车辆信息界面

图 4-96　车辆类型管理界面

图 4-97　添加车辆类型

图 4-98　车辆状态管理界面

第五步：添加车辆状态。单击"新增"按钮，可以添加车辆状态，如图 4-99 所示。

第六步：添加车辆信息。单击图 4-95 中的"添加"按钮，进入车辆信息添加界面，如图 4-100 所示。

图 4-99 添加车辆状态

图 4-100 添加车辆信息

2. 油耗登记

实验者模拟车辆管理人员使用本功能实现对各个车辆在指定时期内的油耗情况进行统一的登记。

第一步：单击导航栏中"车辆管理"下的"油耗登记"，弹出车辆油耗信息界面，如图 4-101 所示。

109

图 4-101　车辆油耗信息界面

　　第二步：添加油耗信息。单击"添加"按钮，进入油耗添加界面，如图 4-102所示。

图 4-102　添加油耗信息

3. 维修记录管理

　　车辆管理人员通过使用本功能来查看各个车辆的维修情况。

　　单击导航栏中"车辆管理"下的"维修记录"，弹出车辆维修管理界面，如图 4-103 所示。

图 4-103 车辆维修管理界面

4. 里程补贴

实验者模拟车辆管理人员使用本功能查看各个车辆在一定时期内的里程补贴情况。

单击导航栏中"车辆管理"下的"里程补贴",弹出补贴信息列表界面,如图 4-104 所示。

图 4-104 补贴信息列表界面

111

5. 使用情况

实验者模拟车辆管理人员使用本功能查看各个车辆在一定时期内的使用情况。

单击导航栏中"车辆管理"下的"使用情况",弹出车辆使用记录界面,如图 4-105 所示。

图 4-105　车辆使用记录界面

四、实验题

（1）在政府办公自动化系统中，拟定一份政府办公文件，并完成从拟稿至归档的一整套政府公文流转程序。

（2）模拟档案管理人员，在政府办公自动化系统中完成对某一类档案文件的收集、编目、鉴定、销毁等一系列档案管理工作。

第三节　实验3：国有资产管理

一、实验目的和要求

随着信息技术在各行各业的普及应用，运用现代信息技术手段对政府机构国有资产进行高效管理是必然的发展趋势。通过本部分实验，可使实验者了解如何利用现代信息技术，实现政府机构国有资产的层次化和集中化管理；如何简化国有资产管理工作流程，有效提高国有资产管理效率，降低管理成本，减少财政开支，保证国有资产管理的规范化、流程化和科学化。在本部分实验中，实验者要模拟不同的国有资产管理角色，通过公共信息管理、资产登记、资产变更、资产注销、资产领用、资产归还、综合查询等各项工作，完成对政府机构国有资产的有效管理。

二、实验内容

（1）模拟国有资产管理领导者角色，设置系统初始信息、处理上报的异常情况，然后进行资产管理统计分析。

（2）模拟政府机构工作人员角色，对国有资产的登记、变更、注销等提出申请，并进行资产的领用和归还操作。

（3）模拟国有资产普通管理人员角色，对政府机构工作人员提交的申请进行审批，向资产管理领导上报异常情况。

三、实验步骤

（一）模拟国有资产管理领导者角色

1. 基础信息维护

第一步：单击导航栏中"基础信息维护"下的"部门信息"，右框架将显示部门信息内容，如图 4-106 所示。

第二步：在部门信息后的文本框中输入新增部门名称，单击"新增"按钮即可添加新的部门，同时还可以对已有的部门进行删除、编辑和查询操作，如图 4-106 所示。

第三步：单击导航栏中"基础信息维护"下的"经费来源信息"，右框架将显示经费来源信息内容，如图 4-107 所示。

第四步：在经费来源信息后的文本框中输入新增经费来源信息，单击"新增"按钮即可添加新的经费来源信息，同时还可以对已有经费来源信息进行删除、编辑和查询操作，如图 4-107 所示。

第五步：单击导航栏中"基础信息维护"下的"使用方向信息"，右框架将显示使用方向信息内容，如图 4-108 所示。

图 4-106　部门信息维护界面

图 4-107　经费来源维护界面

第六步：在使用方向信息后的文本框中输入新增使用方向信息，单击"新增"按钮即可添加新的使用方向信息，同时还可以对使用方向信息进行删除、编辑和查询操作，如图4-108所示。

第七步：单击导航栏中"基础信息维护"下的"资产类型信息"，右框架将显示资产类型信息内容，如图4-109所示。

第八步：在资产类型信息中的文本框中输入新增资产类型信息，单击"新

图 4-108　基础信息使用方向维护界面

图 4-109　资产类型维护界面

增"按钮即可添加新的资产类型信息，同时还可以对资产类型信息进行删除、编辑和查询操作，如图 4-109 所示。

2. 异常情况处理

第一步：单击导航栏中"工作项目"下的"异常情况处理"，右框架显示异常情况处理标题列表，如图 4-110 所示。

第二步：单击异常情况标题后的"处理"按钮，右框架显示处理页面，在处理结果文本框中输入具体处理意见，单击"保存"按钮即可，如图 4-111 所示。

图 4-110　异常情况处理标题列表

图 4-111　异常情况处理

3．资产分布情况

第一步：单击导航栏中"工作项目"下的"资产分布情况"，右框架将显示资产分布界面。

第二步：先在部门下拉框中选择部门名称，再选择属于该部门的资产，即可查看资产的分布情况，如图 4-112 所示。

4．信息发布管理

第一步：单击导航栏中"信息发布管理"下的"发布"，右框架将显示信息

图 4-112　查看资产分布情况

发布界面，输入信息标题和具体信息内容，单击"确定"按钮即可发布信息，如图 4-113 所示。

图 4-113　发布信息

第二步：单击导航栏中"信息发布管理"下的"编辑"，右框架将显示信息编辑界面，选中信息标题即可对信息进行编辑或删除操作，如图 4-114 所示。

5. 资产领用

第一步：单击导航栏中的"资产领用"，右框架将显示资产领用界面。

117

图 4-114　编辑信息

第二步：先在部门下拉框中选择资产领用部门名称，再选择具体领用资产名称，单击"领用"按钮即完成资产领用操作，如图 4-115 所示。

图 4-115　资产领用操作

6. 资产归还

第一步：实验用户可以对已经领用的资产进行归还。单击导航栏中"资产归还"，右框架将显示资产归还界面。

第二步：选择所要归还的资产名称，单击"归还"按钮即可完成资产归还操作，如图 4-116 所示。

图 4-116 资产归还操作

7. 综合查询

第一步：单击导航栏中"综合查询"下的"资产明细"，右框架将显示现有资产列表界面，如图 4-117 所示。

图 4-117 现有资产列表

第二步：单击资产名称后的"明细"按钮，可以查看资产的明细情况，如图 4-118 所示。

第三步：单击导航栏中"综合查询"下的"部门资产"，右框架将显示部门资产查询界面。

119

图 4-118 资产明细情况

第四步：选中要查询的部门名称，单击"查询"按钮即可进行部门资产查询，如图 4-119 所示。

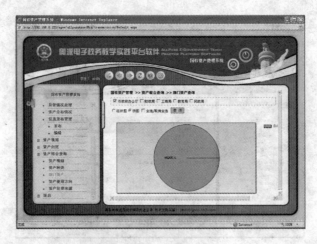

图 4-119 查询部门资产

第五步：单击导航栏中"综合查询"下的"资产使用方向"，右框架将显示资产使用方向查询界面。

第六步：选中要查询的资产使用方向，单击"查询"按钮即可进行资产使用方向查询，如图 4-120 所示。

图 4-120　查询资产使用方向

第七步：单击导航栏中"综合查询"下的"资产经费来源"，右框架将显示资产经费来源查询界面。

第八步：选中要查询的资产经费来源，单击"查询"按钮即可进行资产经费来源查询，如图 4-121 所示。

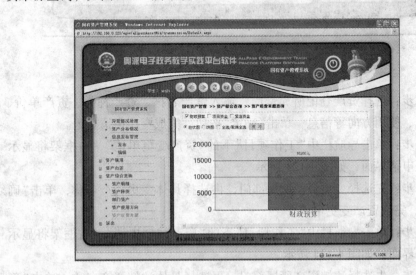

图 4-121　查询资产经费来源

121

(二)模拟政府机构工作人员角色

1. 工作项目管理

第一步：单击导航栏中"工作项目"下的"资产登记申请"，右框架将显示资产登记申请界面，如图 4-122 所示。

图 4-122　资产登记申请界面

第二步：选择资产登记所属部门，输入资产名称、资产种类、资产单价、经费来源、使用方向等信息，单击"确定"按钮，完成资产申请登记。

第三步：单击导航栏中"工作项目"下的"资产变更申请"，右框架将显示资产变更申请界面，如图 4-123 所示。

第四步：先选择变更资产所属部门，再选择具体变更资产名称，单击"确定"按钮，完成资产变更申请。

第五步：单击导航栏中"工作项目"下的"资产注销申请"，右框架将显示资产注销界面，如图 4-124 所示。

第六步：先选择注销资产所属部门，再选择具体注销资产名称，单击"确定"按钮，完成资产注销申请。

图 4-123　资产变更申请界面

图 4-124　资产注销界面

第七步：单击导航栏中"工作项目"下的"资产登记记录"，右框架将显示资产登记历史记录界面，同时还可以对具体资产进行查询，如图 4-125 所示。

图 4-125　资产登记记录界面

第八步：单击导航栏中"工作项目"下的"资产分布情况"，右框架将显示资产分布情况界面，如图 4-126 所示。

图 4-126　资产分布界面

第九步：在部门下拉框中选择部门名称，再选择属于该部门的资产，即可查看资产分布情况，如图 4-127 所示。

图 4-127　查看资产分布情况

2. 资产领用

资产领用部分可以参照资产管理领导操作实例。

3. 资产归还

资产归还部分可以参照资产管理领导操作实例。

4. 综合查询

综合查询部分可以参照资产管理领导操作实例。

（三）模拟国有资产普通管理人员角色

1. 基础信息维护

基础信息维护部分可以参照资产管理领导操作实例。

2. 资产登记审批

通过资产登记审批功能，可以方便对资产进行登记管理。

第一步：单击导航栏中"工作项目"下的"资产登记审批"，右框架将显示待审批资产登记列表界面。

第二步：单击待审批资产登记列表中的"审批"按钮，右框架将显示资产登记审批界面，如图 4-128 所示。

图 4-128　资产登记审批界面

第三步：单击"通过"按钮，完成资产登记审批。

3．资产变更审批

通过资产变更审批功能，可以方便对资产进行变更管理。

第一步：单击导航栏中"工作项目"下的"资产变更审批"，右框架将显示待审批资产变更列表界面。

第二步：单击"审批"按钮，右框架将显示资产变更审批界面，如图 4-129所示。

图 4-129　资产变更审批界面

4. 资产注销审批

通过资产注销审批功能，可以方便对资产进行注销管理。

第一步：单击导航栏中"工作项目"下的"资产注销审批"，右框架将显示待审批资产注销列表界面。

第二步：单击上图中的"审批"按钮，右框架将显示资产注销审批界面，如图 4-130 所示。

图 4-130　资产注销审批界面

5. 异常处理

第一步：单击导航栏中"异常处理"下的"异常上报"，右框架将显示异常上报界面，通过输入异常标题和异常内容，单击"确定"按钮，异常上报成功，如图 4-131 所示。

第二步：单击导航栏中"异常处理"下的"处理查看"，右框架将显示异常处理结果界面，单击"查看"按钮，查看具体处理结果，如图 4-132 所示。

6. 资产分布情况

资产分布部分可以参照资产管理领导操作实例。

7. 信息发布管理

信息发布部分可以参照资产管理领导操作实例。

图 4-131　异常上报界面

图 4-132　异常处理结果界面

8. 资产领用

资产领用部分可以参照资产管理领导操作实例。

9. 资产归还

资产归还部分可以参照资产管理领导操作实例。

10. 综合查询

综合查询部分可以参照资产管理领导操作实例。

四、实验题

（1）以购买办公电脑为例，模拟政府机构工作人员，利用政府国有资产管理系统对所购办公电脑进行资产登记、领用、归还、变更、注销等一系列管理工作。

（2）以管理办公家具为例，模拟政府机构国有资产管理人员，在政府国有资产管理系统中对有关办公家具进行资产登记审批、资产变更审批、资产注销审批和异常情况处理。

第五章　G to C 模式的电子政务

第一节　实验 1：政府信息门户

一、实验目的和要求

通过本实验使实验者了解政府信息门户可以整合政府的各种公共服务功能，为公众、企业和其他社会单位提供一个统一的服务入口，在网络平台上实现"一站式"公共服务。在本部分实验中，实验者要模拟不同的角色，在政府信息门户上进行信息发布、信息检索、栏目管理、信息反馈管理、统计分析等一系列工作。通过相应的实验操作，实验者可以体会到政府信息门户如何作为一座连接各个政府业务应用系统的桥梁，将各个业务应用系统进行无缝集成，为企业和公众提供一体化的公共服务，并实现政府信息资源的共享，减少重复建设，消除信息孤岛。

二、实验内容

(1)政府信息门户的目录管理。

(2)政府信息门户的信息管理。

(3)政府信息门户的链接管理。

(4)政府信息门户的登录框管理。

(5)政府信息门户的意见反馈管理。

(6)政府信息门户的调查信息管理。

(7)政府信息门户的用户管理。

(8)政府信息门户的首页生成。

(9)政府信息门户的访问统计管理。

三、实验步骤

(一)政府信息门户的目录管理

第一步：登录政府信息门户网站管理页面，单击左框架中的"目录管理"下的"一级目录"，右框架中显示一级目录信息，如图 5-1 所示。

图 5-1 政府信息门户网站管理界面

第二步：单击"添加"按钮，进入一级目录添加界面。

第三步：输入目录名称，选择目录类型和下级目录的存放位置，如图 5-2 所示。

第四步：单击"保存"按钮，系统提示成功。

第五步：同以上方法，添加其他一级目录。

第六步：单击主界面右上方的"登录首页"链接，如图 5-3 所示。

可以查看目录显示的效果，如图 5-4 所示。

第七步：单击左框架中"目录管理"下的"二级目录"，右框架中将显示二级目录信息。添加二级目录方法同添加一级目录。

131

图 5-2　添加一级目录

图 5-3　登录首页

图 5-4　一级目录设置后的显示效果

（二）政府信息门户的信息管理

本部分操作是要为目录或专题添加资料信息，添加后对这些信息进行审核管理，审核后的信息即可根据设置在首页显示。

第一步：单击政府信息门户后台管理左框架中的"信息管理"下的"信息内容"，右框架中将显示信息内容记录界面。

第二步：单击"添加"按钮，进入记录信息添加界面，如图 5-5 所示。

图 5-5　信息添加界面

133

第三步:添加目录信息内容。可以添加的目录信息内容主要分为文章和链接两类,如图5-6和图5-7所示。

图5-6 添加目录文章

图5-7 添加目录链接

第四步:添加专题信息内容。可以添加的专题的类型分为文章、链接和下载三种,如图5-8、图5-9和图5-10所示。

图 5-8 添加专题文章

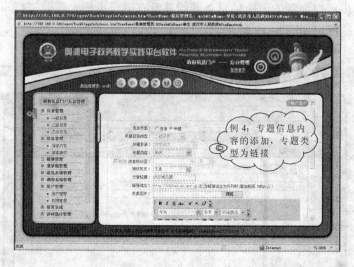

图 5-9 添加专题链接

第五步：信息添加成功后，在没有审核的情况下，在页面上是显示不出来的。

第六步：单击左框架中的"信息管理"下的"信息审核"，通过"查询方式"中的下拉列表进行查询。

135

图 5-10　添加可供下载的专题文章

第七步：查询到的记录信息一开始并没有进行审核，需要进行审核，未审核状态下的标记如图 5-11 所示。

图 5-11　待审核的信息

第八步：选中记录（在记录前的方框中打"√"）后，单击"审核通过"按钮，通过审核后的审核状态标志如图 5-12 所示。

图 5-12　已审核的信息

（三）政府信息门户的链接管理

第一步：单击政府信息门户后台管理左框架中的"链接管理"，右框架中将显示链接记录，如图 5-13 所示。

图 5-13　链接管理界面

第二步：单击"添加"按钮，进入链接添加界面。

第三步：输入链接标签。

第四步：单击"保存"按钮，待系统返回链接记录界面后，记录信息中便多了一条刚添加成功的记录。

第五步：单击记录信息后的"详细信息"链接图标，进入链接信息界面，单击"添加"按钮。

第六步：进入链接信息添加界面，输入链接的名称和地址，如图 5-14 所示。

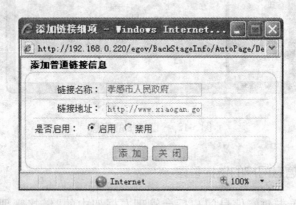

图 5-14　添加链接信息

第七步：单击"添加"按钮，记录添加成功。

(四)政府信息门户的登录框管理

第一步：单击政府信息门户后台管理左框架中的"登录框管理"，右框架中将显示登录记录信息。

第二步：单击"添加"按钮，进入登录记录添加界面，如图 5-15 所示。

第三步：输入登录信息，如图 5-16 所示。

第四步：单击"添加"按钮，系统提示添加成功。

(五)政府信息门户的意见反馈管理

第一步：单击政府信息门户后台管理左框架中的"意见反馈管理"，右框架中将显示意见反馈记录信息。

图 5-15　登录记录添加界面

图 5-16　添加登录信息

　　第二步：单击"添加"按钮，进入意见反馈记录添加界面，设置意见反馈系统参数，如图 5-17 所示。

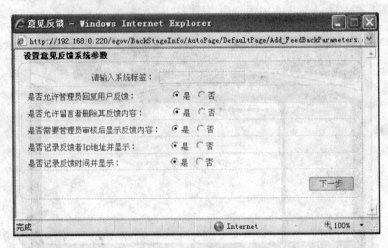

图 5-17　设置意见反馈系统参数

第三步：输入系统的标签。

第四步：单击"下一步"按钮，进入数据录入界面。

第五步：输入反馈细项名、细项英文名，选择反馈细项类型，如图 5-18 所示。

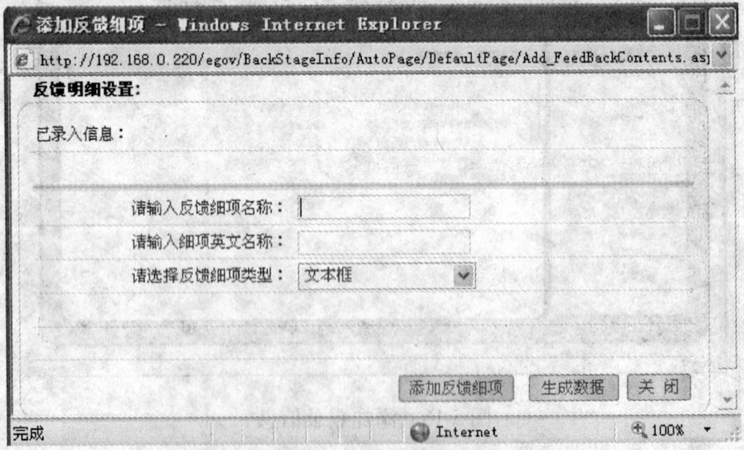

图 5-18　添加反馈细项

第六步：单击"添加反馈细项"按钮，系统提示添加成功。

第七步：反馈细项添加完成后，单击"生成数据"按钮，如图 5-19 所示。

图 5-19　生成反馈细项数据

第八步：反馈信息添加成功后，回到反馈信息记录界面，单击记录信息后面的"查看链接地址"，在页面下方将显示地址，如图 5-20 所示。

图 5-20　查看链接地址

第九步：将链接地址添加到链接管理里面，单击左框架中的"链接管理"。

第十步：单击记录信息后的"详细信息"下的图标，将反馈信息添加到链接下。

第十一步：单击"添加"按钮，进入链接添加界面，如图5-21所示。

图 5-21　添加反馈信息的链接

(六)政府信息门户的调查信息管理

第一步：单击政府信息门户后台管理左框架中的"调查系统管理"，右框架中将显示调查记录信息。

第二步：单击"添加"按钮，进入调查记录添加界面，如图5-22所示。

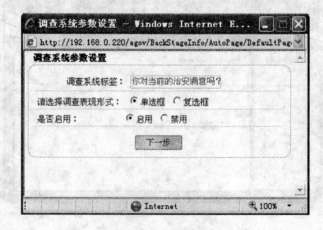

图 5-22　添加调查信息

第三步：输入调查标签，选择表现形式，单击"下一步"。

第四步：输入调查细项和细项英文名称后，单击"添加调查细项"按钮，如图 5-23 所示。

图 5-23　添加调查细项

第五步：调查细项添加成功后，单击"生成数据"。

(七)政府信息门户的用户管理

第一步：单击政府信息门户后台管理左框架中的"用户管理"。

第二步：输入用户名，单击"保存"按钮，系统提示用户注册成功，如图 5-24 所示。

第三步：回到系统登录界面，在普通用户中，会有用户记录，如图 5-25 所示。

(八)政府信息门户的首页生成

第一步：单击政府信息门户后台管理左框架中的"首页生成"，可以在右框架中看到政府信息门户的首页分为五大部分：top、左侧功能区(主要包括登录、链接、类别、调查)、右侧功能区(主要包括登录、链接、类别、调查)、信息类区域、专题类区域，如图 5-26 所示。

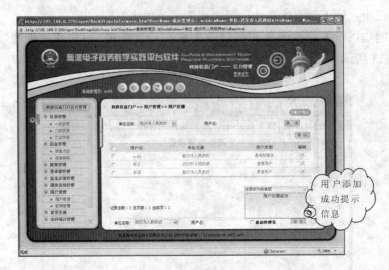

图 5-24　注册用户信息

图 5-25　用户记录显示

第二步：对左侧功能区（主要包括登录、链接、类别、调查）或者右侧功能区（主要包括登录、链接、类别、调查）、信息类区域、专题类区域进行设置。以左侧功能区为例，单击左边的登录、链接、类别、调查位置，如图5-26所示。

图 5-26　政府信息门户首页布局

第三步：进入设置界面，界面上有四种链接类型：链接信息、登录框、调查系统和目录信息，要添加哪类信息，先选择类别(以添加"链接信息"为例)，如图 5-27 所示。

图 5-27　添加首页链接信息

第四步：单击"添加"按钮，进入链接信息添加界面，如图5-28所示。

图 5-28　添加首页链接信息

第五步：选中要显示的链接记录，单击"保存"按钮，系统提示设置成功。

第六步：单击"返回按钮"，系统返回到记录信息界面，这时记录信息后面的状态为"禁用"，如图5-29所示。在这种状态下，链接信息在首页上是无法显示的，只有显示正常状态才能在首页上显示出来。

图 5-29　链接管理

第七步：单击"禁用"链接，或是选择记录，点击"启用"按钮，"禁用"状态变为"正常"状态。

（九）政府信息门户的访问统计管理

第一步：单击政府信息门户管理后台左框架的"访问统计管理"下的"访问统计"。

第二步：在界面上列出了各种统计项目，单击统计项目的名字，就可以查看该方式的统计链接，例如单击"日统计"，如图 5-30 所示。

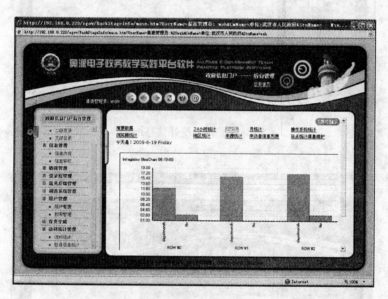

图 5-30　政府信息门户统计项目

第三步：单击"站点统计信息维护"链接，可以对站点信息进行维护，如图 5-31 所示。

第四步：单击"添加"按钮，站点信息保存成功。

第五步：单击左框架中的"访问统计管理"下的"栏目信息统计"，如图 5-32所示。

第六步：选择查询条件的下拉列表，进行统计分类，如图 5-33 所示。

147

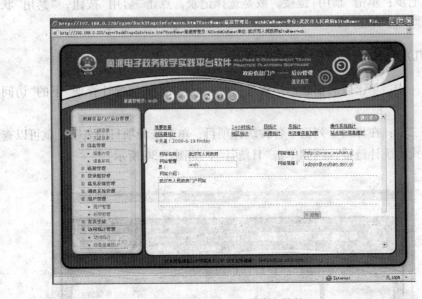

图 5-31　站点统计信息维护

图 5-32　栏目信息统计

图 5-33　统计分类

四、实验题

(1)选择国内某一城市,在系统中模拟建立该城市的政府信息门户网站,并设置合理的功能模块。

(2)在自建的政府信息门户中进行各功能模块的管理操作。

第二节　实验 2：行政审批管理(对公民)

一、实验目的和要求

利用先进的信息网络技术,实现网上并联行政审批,是我国当前政府电子政务建设的重点。通过本部分实验,使实验者了解如何通过政府并联审批系统为公众提供"一站式"政务服务,以及如何通过电子化的行政审批系统实现政府内部的协同作业,提高办事效率,简化办公流程,降低办公成本,增加工作的透明度。在本部分实验中,实验者要模拟政府机构和公民等不同角色,通过网上并联审批系统,提出办事申请,由相关行政机构在统一窗口受理,进行网上发布、并联审批，并限时完成，最后将办理结果告知相关公民。

二、实验内容

(1)根据政府行政部门职能设定有关行政审批的对应事件。

(2)公民个人申请办理行政审批事项。

(3)相关政府行政部门对有关行政审批申请的前置事项进行并联审批。

(4)政府行政部门对个人申请进行审批处理。

(5)对有关政府行政部门行政审批的投诉进行处理。

三、实验步骤

(一)根据政府行政部门职能设定有关行政审批的对应事件

对应事件在这里是指某一具体政府行政部门对应办理的本部门相关事务。实验者通过对对应事件的设定，能够了解各级政府行政部门所行使的权利和承担的责任，并把各个部门的职权关系应用到平台，使企业或者公民个人可以申办相关事务。本部分实验要求实验者根据某一具体政府行政部门的职能在管理后台设定相应的行政审批事项，并提供相关的行政审批材料和政策法规，最终将相关行政审批事项、材料和政策法规在前台网站向社会公众发布。

1. 基础数据添加

第一步：以学生账号登录系统，进入学生实验系统。

第二步：单击"行政审批系统"图标，进入行政审批系统。

第三步：输入城市名称，单击"保存"按钮，系统会自动调出部门信息(教师管理里面的部门记录信息)，如图5-34所示。

第四步：为各级政府部门添加基础数据。以工商局为例，选中工商局，单击"后台登入"按钮，进入工商局的后台，如图5-35所示。

第五步：材料设定。单击行政部门后台管理左框架中的"基础资料设定"下的"材料设定"，右框架中将显示系统的材料，如图5-36所示。

第六步：添加材料有两种方式：一种是学生自己添加材料，一种是从教师那里的基础材料中引用，从教师处引用的材料是不可以编辑和删除的。下面先介绍学生添加方式。

第七步：单击"添加"按钮，进入材料添加界面，如图5-37所示。

第八步：输入材料信息，单击"保存"按钮，系统提示材料添加成功。

图 5-34　政府部门信息

图 5-35　登录工商局管理后台

第九步：引用材料。单击"引用"按钮，进入材料引用界面。

第十步：选中材料，单击"＋引用"按钮，系统提示是否确认引用，如图
5-38 所示。

图 5-36　材料设定

图 5-37　材料添加

第十一步：单击"确定"按钮，材料引用成功，材料记录显示如图5-39所示。

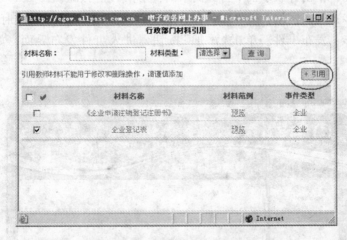

图 5-38　引用行政部门材料

图 5-39　材料记录显示

第十二步：添加"法规设定"和"事件设定"的方法同添加"材料设定"。

2. 发布政府部门的对应事件

在网站管理系统的"事项管理"下，可以按照部门或者项目查询对应事件，并对对应事件进行引用。各个政府部门只有拥有了对应事件关系，才能按照程序办理相关事务。这里的对应事件会指明申办人是企业还是公民个人。

第一步：单击并联审批平台界面中的"网站管理"按钮。

第二步：进入网站管理界面，在右框架中将看到已经发布的政府事件。

第三步：发布事件。单击"添加"按钮，进入事件发布界面，如图 5-40 所示。

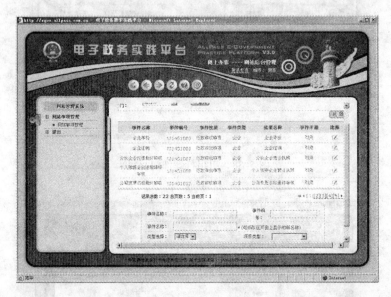

图 5-40　事件发布界面

第四步：找到要发布的事件，如"有限责任公司注册最终审核"。单击后面的"选择"图标，将信息引用到下面的文本框中。

第五步：选择事件发布的目录类型，单击"保存"按钮，系统提示事件添加成功，如图 5-41 所示。

第六步：单击"确定"按钮，事件发布成功。

第七步：查看发布的效果，单击登录界面中的"首页登入"。

第八步：进入首页中，单击"综合经济"或者是"工商局"，进入事件查看界面，如图 5-42 所示。

(二)公民个人申请办理行政审批事项

本部分实验要求实验者模拟公民个人的角色，在政府公共服务平台上完成个人信息注册、个人事务申办等操作。

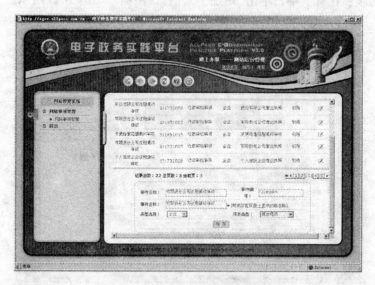

图 5-41　发布事件的添加

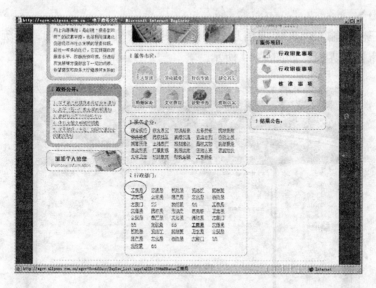

图 5-42　事件查看界面

1．个人注册

第一步：在行政审批系统登录界面，单击"首页登入"。

第二步：在首页中，单击"增加个人信息"图标，如图 5-43 所示。

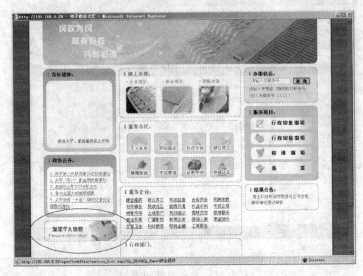

图 5-43　增加个人信息

第三步：输入个人详细信息。单击"保存"按钮，保存成功，系统自动返回行政审批主界面，如图 5-44 所示。

图 5-44　并联行政审批主界面

第四步：选择模拟"个人角色"，会看到注册成功的记录信息。

2．个人事务申办(以申请办理结婚证书为例)

第一步：在行政审批主界面，以个人角色登录首页，如图 5-45 所示。

图 5-45　个人角色登录

第二步：在首页中，单击"婚姻家庭"或者是"民政局"，如图 5-46 所示。

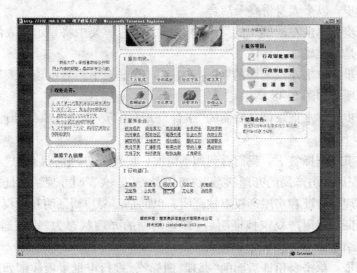

图 5-46　登录民政局办事页面

157

第三步：单击"办理结婚证书"链接，进入事件申办界面，单击"申办"按钮，如图 5-47 所示。

图 5-47 申请办理结婚证书

3. 利用个人后台管理程序处理个人事件申办

第一步：以个人身份登录后台。

第二步：单击左框架中的"个人信息"，在右框架中将显示个人的详细信息，核实是否准确。

第三步：单击左框架中的"申请事项"，右框架中将显示该个人所有的个人申办事项，如图 5-48 所示。

第四步：单击记录信息后面的"事件处理"图标，进入事件处理主界面，如图 5-49 所示。

在办事序列标签下，我们看到如下情况：民政局办理的状态为"不可以受理"，公安局和房产局的办理状态为"可以受理"，这表明办理结婚证书的前置事件是办理身份证和房屋产权审核证明，也就是需要户籍证明和产权审核。在办理身份证和房屋产权审核证明后（即这两项的办理状态为"审核通过"后），才能办理结婚证书。

第五步：单击身份证后面的"办理"图标，进行审批事项详细处理，如图 5-50 所示。

图 5-48　查看个人申办事项

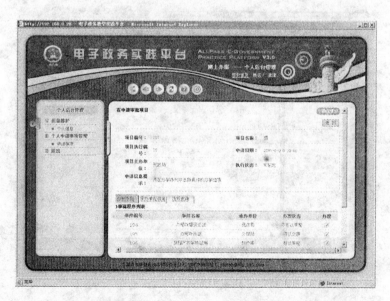

图 5-49　个人申办事件处理主界面

第六步：在"表格下载"标签下，下载相关的表格，如图 5-51 所示。

159

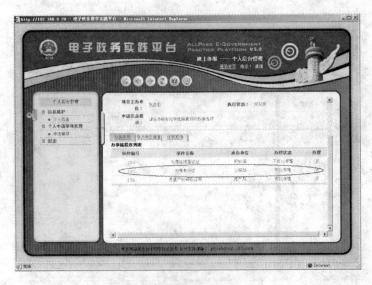

图 5-50　申请办理身份证

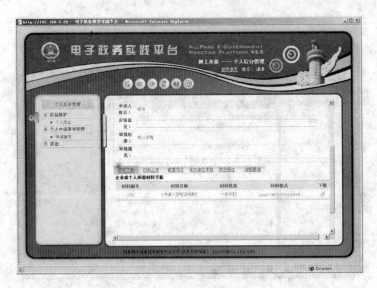

图 5-51　下载表格

　　第七步：填写好材料后，在"材料上传"标签下，利用表格后面的"上传"按钮，上传材料。

第八步：单击"同意"按钮，对申办的事件进行付费，如图 5-52 所示。

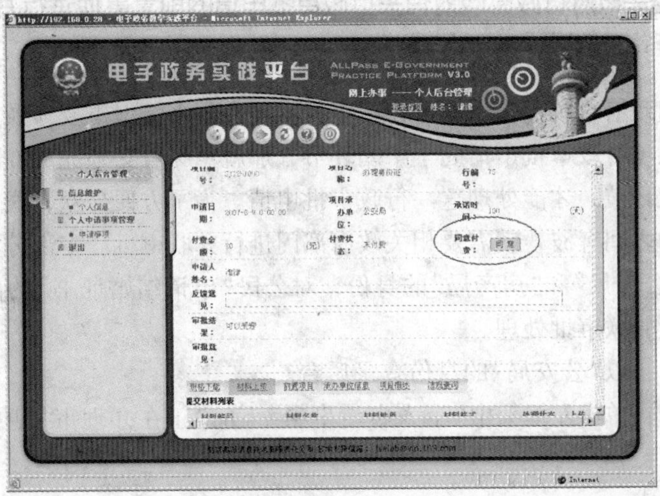

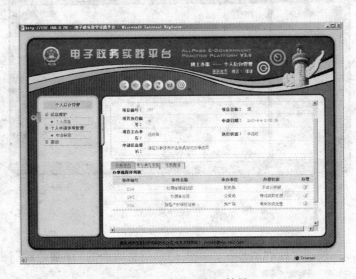

图 5-52　付费

第九步：单击"提交"按钮保存信息，单击"返回"按钮，公安局的处理状态由"可以受理"变为"等待政府处理"，如图 5-53 所示。

图 5-53　身份证办理结果

161

第十步：申办"房屋产权审核证明"事件的处理程序与"身份证办理"相同。

（三）相关政府行政部门对有关行政审批申请的前置事项进行并联审批（以申请结婚证书为例）

公民向政府行政部门申办的行政审批事项在很多情况下要涉及多个行政机关，如果某项行政审批申请处于中间环节，那就意味着必须完成在此之前的所有行政审批环节，才能处理这一行政审批申请。为了方便公众，避免公众在不同政府机构之间奔波，就需要相关政府部门进行并联审批。本部分实验要求实验者模拟"公安局"和"房产局"的身份，对公民"申请结婚证书"的前置行政审批事项进行并联审批处理。

第一步：以"公安局"的身份登录后台。

第二步：单击左框架中"个人申请事项"下的"正在办理审批项目"，如图5-54所示。

图5-54　正在办理审批项目

第三步：找到要处理的事项，单击记录信息后面的"详细处理"图标，进入处理界面。

第四步：在"材料上传"标签下，单击材料后面的"浏览"按钮。

第五步：查看上传材料后，单击材料信息后面的"意见处理"，如图 5-55 所示。

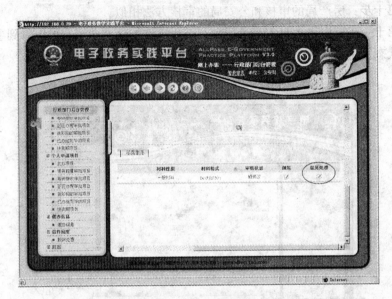

图 5-55　意见处理

第六步：选择材料审批的结果，输入审批意见，如图 5-56 所示。

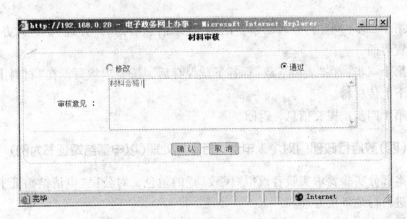

图 5-56　输入对申办材料的审批意见

第七步：单击"确定"按钮，提交材料审批信息。

第八步：选择审批结果，输入审批意见。

第九步：单击"提交"按钮，提交审批结果。

第十步：房产局的审核和公安局的审核方法相似。

第十一步：以个人身份登录后台，进入事件的处理状态，可以看到事件的办理状态发生了变化，如图 5-57 所示。

图 5-57　查看事件办理状态

第十二步：单击"办理结婚登记证"记录信息后面的"办理"，进入办理信息设置界面。

第十三步：在"表格下载"标签下载保存后，按要求填写，在"材料上传"标签下上传材料。

第十四步：提交信息，返回。

（四）政府行政部门对个人申请进行审批处理（以申请结婚证书为例）

本部分实验要求实验者模拟"民政局"的角色，对公民"申请结婚证书"的事项进行行政审批处理。

第一步：登录"民政局"管理后台。

第二步：在"个人申办事项"下的"正在办理审批项目"中，显示等待办理的事件，如图 5-58 所示。

图 5-58　等待办理的事件

第三步：单击记录后面的"详细处理"，进入事件审批界面。

第四步：在"材料上传"标签下单击"浏览"，浏览用户提交的材料，单击"意见处理"，对材料添加审批意见和结论。

第五步：输入审批意见和选择审批结论，单击"提交"按钮，保存审批结果。

第六步：以个人身份登录后，查看申办事件的处理结果，如图 5-59 所示。

图 5-59　查看申办事件的处理结果

（五）对有关政府行政部门行政审批的投诉处理

为了严格依法行政，提高政府行政部门的办事效率和公共服务质量，政府行政部门在行政审批的过程中应当接受公众的监督。为了方便公众对政府部门的行政审批行为提出意见，政府部门应当为公众提供一定的投诉渠道进行意见表达，并要对公众的投诉认真进行处理并给予答复。本部分实验要求实验者模拟公众和政府行政部门两种角色，掌握如何提出投诉和处理投诉的相关程序。

1. 公众提出投诉

第一步：登录政府服务平台首页，在首页中单击"投诉"链接，如图5-60所示。

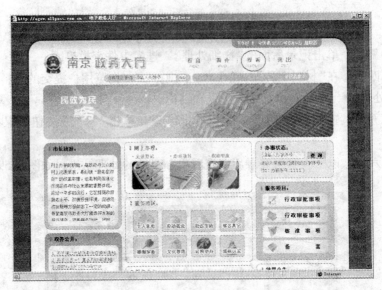

图 5-60 "投诉"链接

第二步：进入投诉界面，输入投诉资料，如图 5-61 所示。

第三步：单击"寄出"按钮，将投诉发送出去。

2. 相关政府部门处理投诉

第一步：模拟被投诉的单位（如工商局），登录管理后台，如图5-62所示。

166

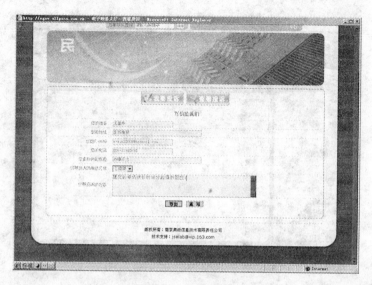

图 5-61 输入投诉资料

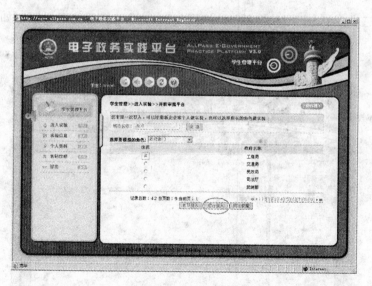

图 5-62 登录管理后台

第二步：单击左框架中的"信件回复"下的"投诉处理"，右框架中将显示所有关于该部门的投诉信息，如图 5-63 所示。

图 5-63 投诉信息

第三步：单击记录信息后面的"回复"✍，进入投诉处理界面，如图 5-64 所示。

图 5-64 进入投诉处理界面

第四步：查看投诉信息并给予回复，单击"提交"按钮，提交回复信息。

第五步：单击"确定"按钮，投诉的状态变为"已回复"。

3. 公众查看投诉处理结果

第一步：在首页中单击"投诉"链接。

第二步：进入投诉界面，单击"查看投诉"按钮，如图 5-65 所示。

图 5-65   查看投诉

第三步：在投诉记录信息界面，会看到投诉处理的回复状态为"已回复"，单击记录后的查看详细图标，进入投诉回复信息查看界面，如图 5-66 所示。

四、实验题

（1）选择某一政府行政机关，例如工商局、公安局等，根据其行政职能，首先确定其有权办理的行政审批事项，然后在政府网上行政审批系统中设定该机关有关行政审批的对应事件。

（2）实验者分成小组，分别模拟政府行政机关和公民的角色，利用政府网上行政审批系统，共同完成申请个体工商户营业执照的行政审批工作。

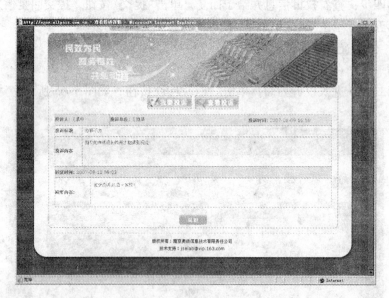

图 5-66　投诉回复信息查看

(3)实验者分成小组，分别模拟政府行政机关和公民的角色，首先由公民就政府行政机关办理的某一项行政审批事项提出投诉，然后由相关机构对投诉进行处理，并将投诉处理结果在网上公布。

170

第六章 G to B 模式的电子政务

第一节 实验1：政府电子采购

一、实验目的和要求

通过本部分实验，使实验者全面了解政府电子采购的整个流程，掌握政府电子采购的策略和管理供应商的方法，以及制订采购计划、预算管理、采购招标、采购认证、降低采购成本、采购审核等各方面的知识。本部分实验要求实验者模拟政府招投标管理机构、采购单位、供应商、评标专家等不同角色，在招标采购平台上完成电子化招标、投标和评标等政府电子采购所有环节的操作，并从中体会电子化的政府采购对于改善传统的政府采购业务流程、提高采购效率、降低采购成本所发挥的重要作用。

二、实验内容

(1)政府招投标管理机构对政府电子采购过程的管理。

(2)采购单位招标管理。

(3)供应商投标管理。

(4)评标专家评标管理。

三、实验步骤

(一)政府招投标管理机构对政府电子采购过程的管理

在本部分实验中，实验者模拟政府招投标管理机构对供应商、采购商和评标专家进行审核、管理，对每一个招投标项目进行跟踪，以及进行招标项目的批准、招标公告的发布、组织评标工作和中标公告的发布等操作。

1. 登录政府招标采购网主页

单击"招标采购平台"图标，进入学生管理平台后，首先单击"进入首页"按钮，将弹出系统自动生成的政府招标采购网主页。实验者通过这个平台，可以了解招标采购信息、新闻，并可以熟悉采购的相关政策法规，参与用户调查，查看供应商信息等，如图 6-1 所示。

图 6-1　政府招标采购网主页

2. 进入招投标管理后台管理平台

模拟招投标管理机构角色进入招投标后台管理平台。招投标管理后台包括基本信息、供应信息管理、招标项目管理、投标管理、评标管理、质疑管理、供应商管理、采购商管理以及专家管理等功能模块。

3. 基本信息管理

实验者可以添加、修改采购网的通知、新闻、办事指南信息、采购中心银行账号信息。所有信息添加提交后，其他用户便可以在采购网上查看这些信息。

第一步：通知管理。实验者可以更新通知内容，且采购网主页上的通知也就随之更新，如图 6-2 所示。

第二步：采购新闻管理。实验者在此管理采购网主页上发布采购新闻，如图 6-3 所示。

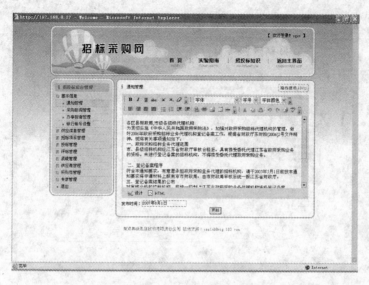

图 6-2　通知管理

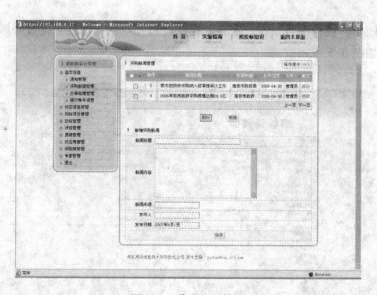

图 6-3　采购新闻管理

第三步：办事指南管理。实验者在此提供办事流程指南，以方便访问采购网的用户查看，如图 6-4 所示。

173

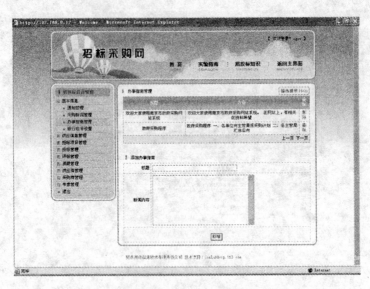

图 6-4　办事指南管理

第四步：银行账号设置。实验者在此设置开户行的信息，设置好后将不予更改，如图 6-5 所示。

图 6-5　银行账号设置

4. 供应信息管理

实验者可以设置供应类别，管理供应商发布的供货信息，如图 6-6 所示。

图 6-6　供应信息管理

5. 招标项目管理

本部分实验主要包括项目审核、生成招标公告、招标公告管理、生成招标文件和项目查询等操作。

第一步：项目审核。单击"管理"按钮，审核采购商提交的采购项目，需要设置投标申请截止日期、标书购买截止日期、标书质疑截止日期、投标截止日期等信息，如图 6-7 所示。

第二步：生成招标公告。项目被审核通过后，会自动转入生成招标公告程序，单击"生成公告"下的"生成"按钮即可。如图 6-8 所示。

第三步：招标公告管理。在招标公告列表中选择相应的公告，单击"管理"按钮，确定发布公告。

第四步：生成招标文件。单击"生成标书"下的"生成"按钮，即可生成标书（投标供应商达到三家以上才可以生成标书文件），如图 6-9 所示。

第五步：项目查询。实验用户可以根据项目状态和招标模式两种方式查询采购项目，如图 6-10 所示。

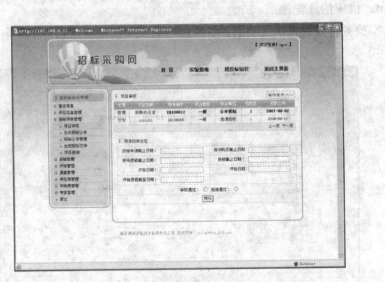

图 6-7　项目审核

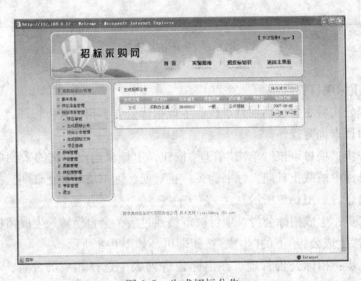

图 6-8　生成招标公告

6．投标管理

第一步：投标申请审核。单击"审核"按钮，即可对供应商投标进行审核，如图 6-11 所示。

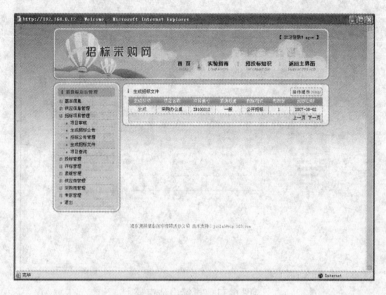

图 6-9　生成招标文件

图 6-10　项目查询

第二步：标书付款确认。供应商在购买标书时，系统已经划款至招标管理

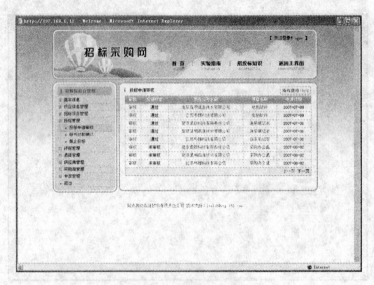

图 6-11　投标申请审核

机构。单击"付款确认"下的"确认"按钮，供应商便可以进行标书填写和投递了，如图 6-12 所示。

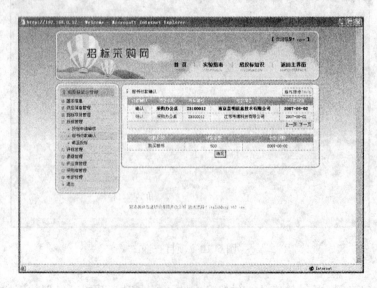

图 6-12　标书付款确认

178

第三步：截止投标。单击"选择"按钮，确定截止投标。投标截止后供应商将不能再提交投标文件。

7. 评标管理

第一步：邀请评标专家。对于已经截止的投标项目，采购管理机构要组织专家对项目进行在线评标。实验者要选择合适的评标专家对项目进行评定，可以单击项目前面的"选择"按钮，选择合适的专家，如图6-13所示。

图 6-13　邀请评标专家

第二步：确定预中标单位。单击项目名称前的"选择"按钮，弹出预中标单位列表，实验者可以根据评标专家的评分来确定预中标单位。

第三步：发布预中标公告。确定了预中标单位后，单击项目名称前的"选择"按钮，进行预中标公告的发布。预中标公告发布后，会在采购网上公布3天，若在此期间无异议，采购管理机构将正式确定中标单位。

第四步：确定中标单位。单击"项目名称"前的"选择"按钮，确定中标单位，如图6-14所示。

第五步：发布中标公告。确定了中标单位后，单击"项目名称"前的"选择"按钮，进行中标公告的发布，如图6-15所示。

第六步：投标保证金管理。单击"项目名称"前的"选择"按钮，便可对各

图 6-14　确定中标单位

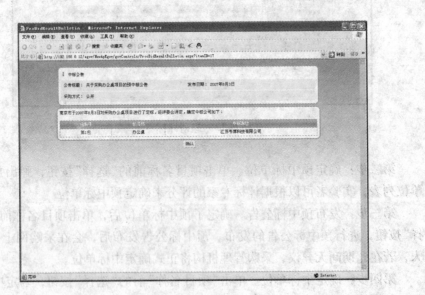

图 6-15　发布中标公告

投标公司的保证金进行处理(中标单位的投标保证金转成履约保证金,未中标单位保证金予以退还),如图 6-16 所示。

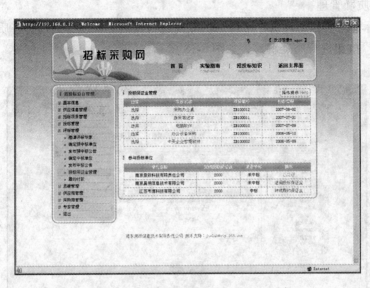

图 6-16　投标保证金管理

第七步：履约付款。当中标企业履约后，采购方便需要进行付款。单击"项目名称"前的"选择"按钮，进行付款操作，如图 6-17 所示。

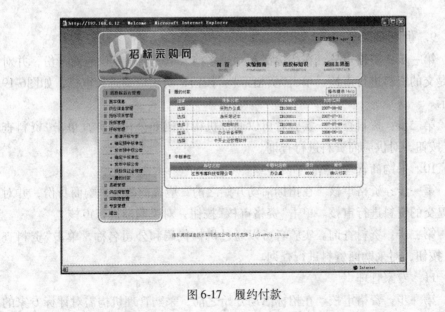

图 6-17　履约付款

181

8. 质疑管理

招标管理机构通过这个平台与供应商进行交流、回复咨询及解答质疑。单击"回复"按钮进行质疑解答，如图 6-18 所示。

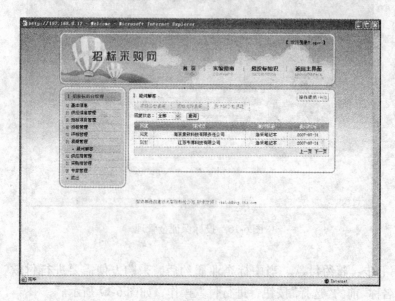

图 6-18 质疑管理

9. 供应商管理

第一步：资格审核。在招标活动开始之前，应提前确定供应商身份，并对其提交的资料进行审核。单击"资格审核"按钮，对供应商进行审核，如图6-19所示。

第二步：资料查询。实验者可以通过机构代码和公司名称，单击"资料查询"按钮，对供应商资料进行查询。

10. 采购商管理

第一步：资格审核。在招标活动开始之前，应提前确定采购商身份，并对其提交的资料进行审核。单击"资格审核"按钮，对采购商进行审核。

第二步：资料查询。实验者可以通过机构代码和公司名称，单击"资料查询"按钮，对采购商资料进行查询。

11. 专家管理

第一步：资格审核。在招标活动开始之前，采购管理机构需对评标专家的

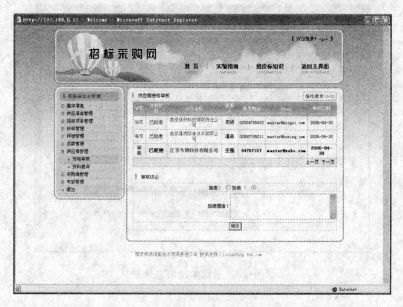

图 6-19　供应商资格审核

资格进行审核。单击"资格审核"按钮，对评标专家进行审核。

第二步：专家查询。实验者可以通过专家姓名和审核状态，单击"资料查询"按钮，对评标专家进行查询。

(二)采购单位招标管理

本部分实验主要是由实验者模拟采购单位的角色，制订采购项目，对评分细项进行相关设定直至提交采购项目。

1. 采购单位注册

以采购单位角色进入平台，如果是首次登录，需要进行采购单位注册，在提交注册信息后，等待招投标管理机构审核。

2. 模拟采购单位角色进入采购单位后台管理平台

采购单位后台包括单位信息维护、添加项目、评分细项设定、邀请招标设定、项目提交、项目查询、项目进度查询等功能模块。

3. 单位信息维护

实验者可以对采购单位基本注册信息进行更新维护，如图 6-20 所示。

183

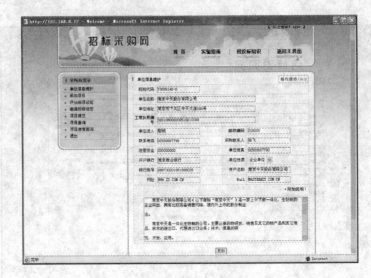

图 6-20　采购单位信息维护

4. 添加项目

第一步：实验者可以新增采购项目，同时还可以对项目进行修改、删除操作；此外，实验者在添加项目时可以设置项目的紧急程度，如图 6-21 所示。

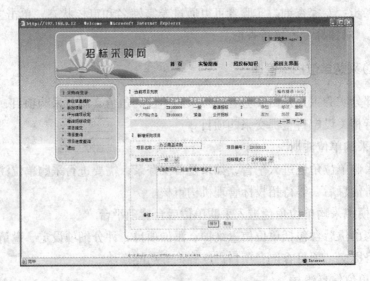

图 6-21　添加采购项目

　　第二步：采购项目添加后，实验者需要添加采购包，选择相应项目。单击"添加采购包"下的"添加"按钮，同时需要设定采购预算和投标保证金，如图 6-22 所示。

图 6-22　添加采购包

　　第三步：添加采购包后，需要对各个包添加具体产品。选择相应的采购包，单击"添加产品"下的"添加"按钮，同时需要填写数量和规格说明，如图 6-23 所示。

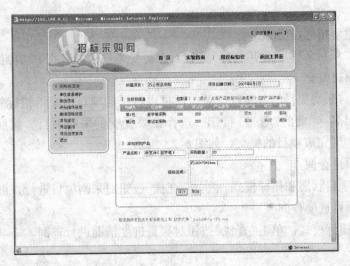

图 6-23　添加采购产品

5. 评分细项设定

第一步：单击项目名称前的"选择"按钮，弹出该项目所有的采购包列表。

第二步：单击采购包编号前的"设定"按钮，根据实际情况设定评分细项，如图6-24所示。

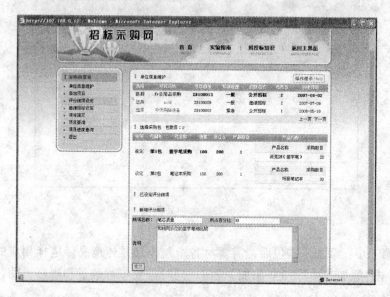

图6-24 设定评分细项

6. 邀请招标设定

单击"项目名称"前的"选择"按钮，在待受邀投标供应商中选择供应商。

7. 项目提交

完成对采购项目的各项设定后，便可以将采购项目提交给招标管理机构，单击"项目名称"前的"管理"按钮，选择需要提交的采购项目，然后单击"确定"按钮，即完成项目的提交，如图6-25所示。

8. 项目查询

根据项目状态和招标模式，单击"查找"按钮对采购项目进行查询。

9. 项目进度查询

根据招标模式，单击"查找"按钮对项目进度情况进行查询。

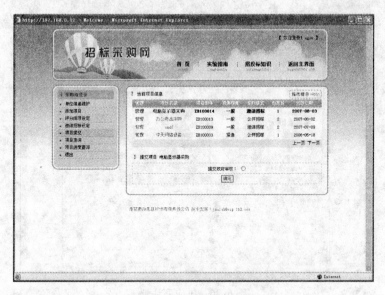

图 6-25 采购项目提交

(三)供应商投标管理

本部分实验由实验者模拟供应商的角色,对招标项目进行投标,同时购买标书、填写标书并及时递交标书。在招投标过程中,供应商可以提出合理的质疑并投诉到招投标管理机构。

1. 供应商注册

以供应商角色进入平台,如果是首次登录,需要进行供应商注册,提交注册信息后,等待管理机构审核,如图 6-26 所示。

2. 进入供应商后台管理平台

模拟供应商角色进入供应商后台管理平台。供应商后台包括信息维护、申请投标、标书管理、项目管理和资金管理等功能模块。

3. 信息维护

第一步:注册资料管理。单击"注册资料",可以修改供应商的注册资料,如图 6-27 所示。

第二步:供应产品管理。单击"供应产品",可以对供应商供应的商品进行添加、删除等操作,如图 6-28 所示。

187

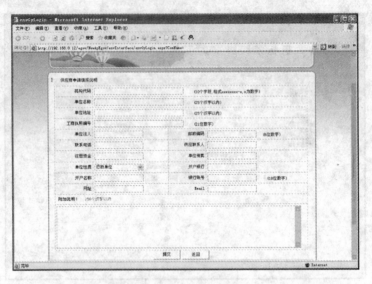

图 6-26　供应商注册

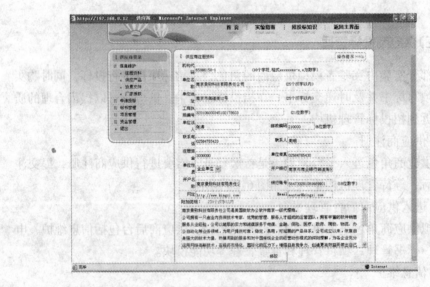

图 6-27　供应商注册资料管理

　　第三步：资质文件管理。单击"资质文件"，可以对供应商的资质文件信息进行添加、删除等操作，如图 6-29 所示。

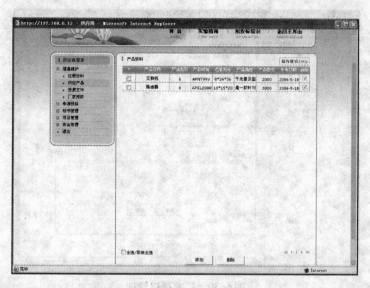

图 6-28　供应产品管理

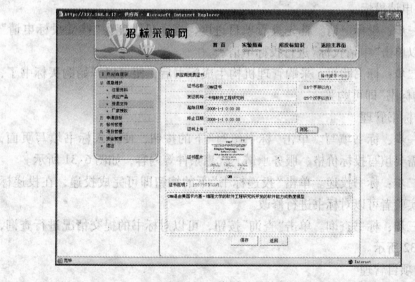

图 6-29　资质文件管理

第四步：厂家授权管理。单击"厂家授权"，可以对供应商的厂家授权文件进行添加、删除等操作，如图 6-30 所示。

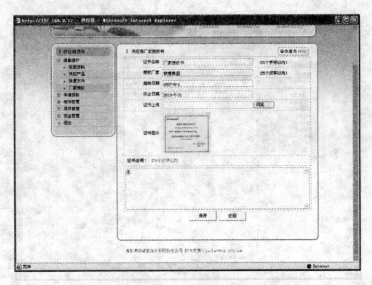

图 6-30　厂家授权管理

4．申请投标

第一步：投标申请。首先查看项目进度，当项目进度为"接受投标申请"时，可以单击"申请投标"进行投标申请。

第二步：标书购买。采购管理机构生成标书后，便可以开始购买标书了，单击"购标书"即可购买。

5．标书管理

第一步：标书填写。单击"标书填写"下的按钮，便进入标书填写页面，实验者需要填写投标价格、服务承诺、优惠条件等内容，如图 6-31 所示。

第二步：标书投递。单击"投递标书"下的按钮即可完成投递，在投递标书前，实验者可以对标书进行修改。

第三步：标书查询。单击"查询"按钮，可以对标书的提交情况进行查询，如图 6-32 所示。

6．项目管理

第一步：查看采购项目。实验者可以随时查看当前采购项目的进度，如图 6-33 所示。

第二步：查看预中标公告。单击"查看"按钮，可以了解预中标单位情况，如图 6-34 所示。

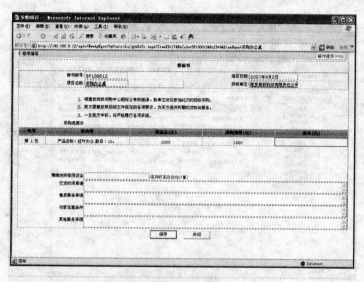

图 6-31　标书填写

图 6-32　标书查询

第三步：查看中标公告。单击"查看"按钮，可以了解中标单位情况。

第四步：查看中标项目。单击"查看"按钮，可以查看供应商已经中标项目。

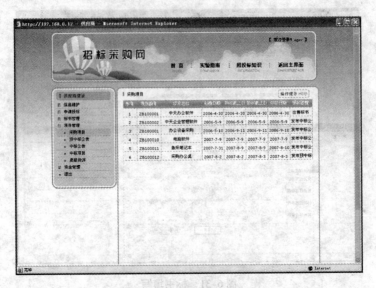

图 6-33　查看采购项目

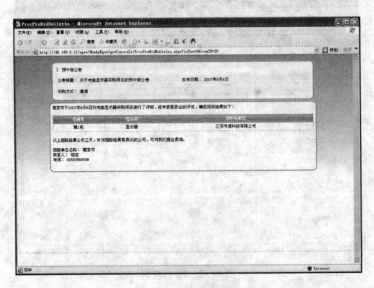

图 6-34　查看预中标公告

　　第五步：查看质疑投诉。实验者可以查看供应商提出的质疑，并可以单击"查看"按钮来了解管理机构对质疑的答复，如图 6-35 所示。

192

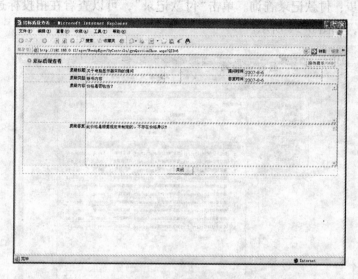

图 6-35　查看质疑投诉

7. 资金管理

第一步：账户管理。单击"账户管理"，可以进行账户充值，查看账户余额和充值记录，如图 6-36 所示。

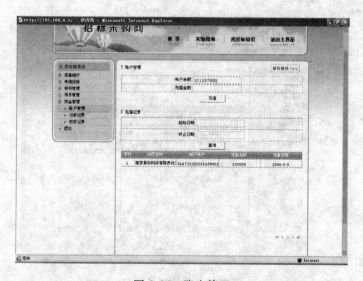

图 6-36　账户管理

193

第二步：付款记录查询。单击"付款记录"，可以查看在招投标过程中的付款记录，如图6-37所示。

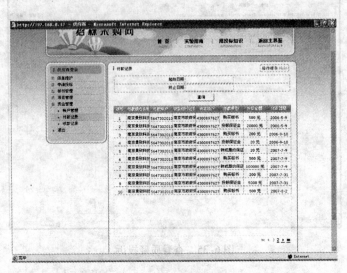

图6-37　付款记录查询

第三步：收款记录查询。单击"收款记录"，可以查看在招投标过程中的收款记录，如图6-38所示。

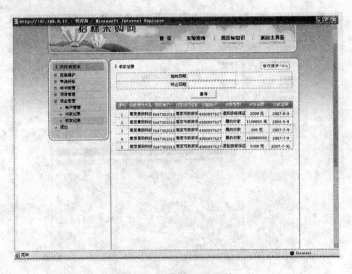

图6-38　收款记录查询

(四)评标专家评标管理

评标专家在招投标过程中是一个很重要的角色,优秀的评标专家对评标结果以及项目的完成能起到重要的作用。评标专家接到邀请函后,决定参加评标,即可对项目进行评标。

1. 评标专家注册

实验者进入招标采购平台后,需要先注册评标专家,如图 6-39 所示。

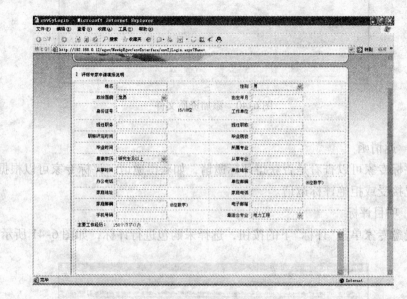

图 6-39 评标专家注册

2. 进入评标专家后台管理平台

评标专家注册成功后,实验者模拟评标专家角色进入评标专家后台管理平台。评标专家管理后台包括注册资料、资质文件、邀请函、评标项目、项目评述以及经验交流等功能模块。

3. 资质文件管理

评标专家可以上传资质文件,以证明评标专家所具有的资格认证。

第一步:单击"资质文件",右框架将显示资质文件列表。

第二步:单击"添加"按钮,右框架将显示添加资质文件页面,填写完毕后,单击"保存"按钮即可,如图 6-40 所示。

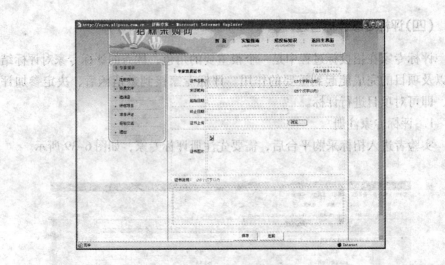

图 6-40　添加资质文件

4.　邀请函

评标专家可以查看是否获得评标邀请，如获得邀请，评标专家可以根据自身情况接受或拒绝评标邀请。

5.　项目评标

受邀专家单击"评标"下的按钮，选择采购包进行评标，如图 6-41 所示。

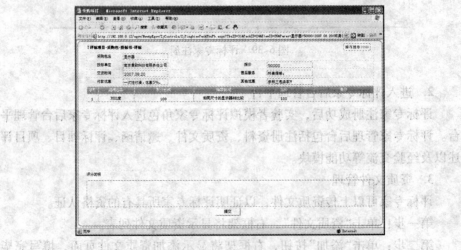

图 6-41　专家评标

6. 项目评述

单击"发表评述"下的"发表"按钮，便可以对项目发表评述内容，如图6-42所示。

图 6-42   发表评述

7. 经验交流

评标专家可以将自己的一些评标经验与其他评标专家交流，输入标题名称和评述内容，单击"保存"按钮即可。

四、实验题

学生分成小组，模拟政府招投标管理机构、政府采购单位、政府采购供应商和评标专家等不同角色，利用政府电子采购平台，共同完成某单位办公电脑采购的工作。

第二节   实验 2：行政审批管理（对企业）

一、实验目的和要求

利用先进的信息网络技术，实现网上并联行政审批，是我国当前政府电子政务建设的重点。通过本部分实验，可使实验者可以了解如何通过政府并联审批系统为企业提供"一站式"政务服务，以及如何通过电子化的行政审批系统实现政府内部的协同办公，提高办事效率，简化办公流程，降低办公成本，提高了工作的透明度。在本部分实验中，实验者要模拟政府和企业等不同角色，通过网上并联审批系统，提出办事申请，由相关政府行政机构在统一窗口受理，进行网上发布、并联审批，并限时完成，最后将办理结果告知相关企业。

二、实验内容

(1)根据政府行政部门职能设定有关行政审批的对应事件。

(2)企业申请办理行政审批事项。

(3)对有关政府行政部门行政审批的投诉进行处理。

三、实验步骤

(一)根据政府行政部门职能设定有关行政审批的对应事件

本部分实验步骤请见第五章第二节"实验2：行政审批(对公民)"。

(二)企业申请办理行政审批事项(以申请有限责任公司注册为例)

本部分实验要求实验者模拟企业的角色，在政府公共服务平台网站上完成企业注册申请操作。

第一步：单击"首页登入"按钮，进入政务大厅网站，如图6-43所示。

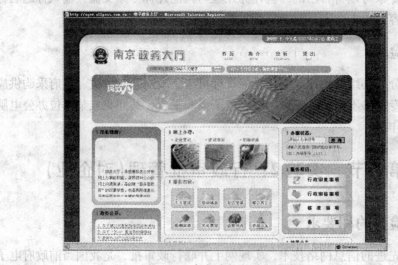

图6-43　南京政务大厅网站首页

第二步：单击"综合经济"或是"工商局"，如图 6-44 所示。

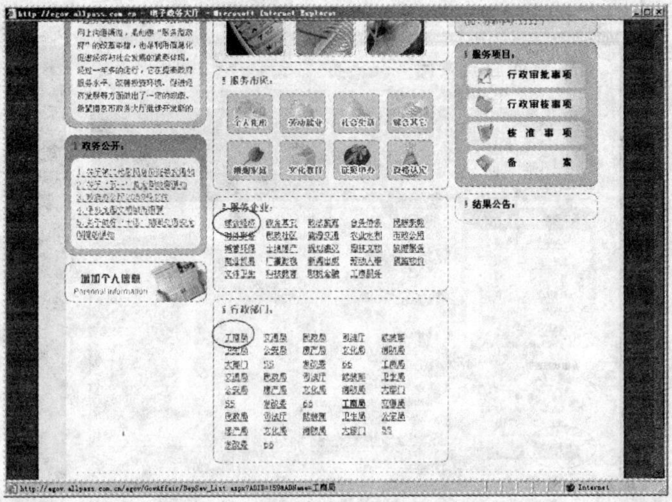

图 6-44 选择进入工商局服务平台

第三步：进入工商局服务平台后，单击"有限责任公司注册最终审核"，如图 6-45 所示。

图 6-45 有限责任公司注册最终审核界面

第四步：进入项目申办窗口，单击"申办"按钮，上报要注册的企业资料，如图 6-46 所示。

图 6-46　申办有限责任公司注册

1. 申请企业名称预审

第一步：模拟企业角色进入名称预审界面，输入申请企业名称，如图6-47所示。

图 6-47　名称预审界面

第二步：单击"查询"按钮，如果系统提示该名称没有公司使用，才可以注册，否则就要换个名称，如图 6-48 所示。

图 6-48　系统提示

第三步：单击"确定"按钮，进行注册资料的填写，如图 6-49 所示。

图 6-49　填写注册资料

第四步：单击"下载表格"下载"企业名称预先核准申请书"和"申请人资格证明表"。

第五步：将文档保存下来，在填写相关信息后，单击"浏览..."按钮，找到相应的已填好的文件，打开即可导入文件，如图 6-50 所示。

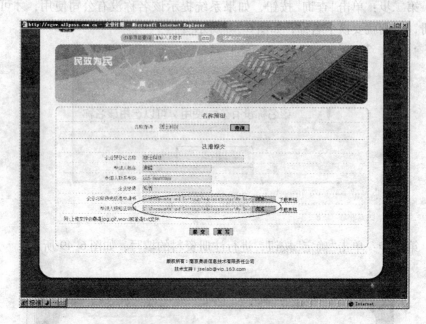

图 6-50 提交注册资料

第六步：单击"提交"按钮，系统提示企业注册成功，并告知办事的序号，如图 6-51 所示。

图 6-51 系统提示

第七步：通过办事序号，可以查看该事项的审批状态，在首页办事状态栏中，输入办事序号，如图 6-52 所示。

第八步：单击"查询"按钮，查看办事状态，如图 6-53 所示。

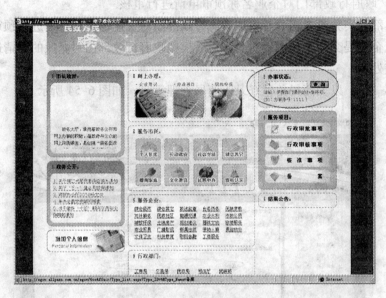

图 6-52　查询办事状态界面

图 6-53　办事状态查询结果

2. 政府行政部门对企业名称预审申请进行审核

本部分实验要求实验者模拟政府行政部门对企业的名称申请进行预审，然后模拟企业提交相关的申请材料，最后模拟政府行政部门对企业的申请进行最终审核处理。

第一步：以工商局角色登录工商局管理后台，如图 6-54 所示。

图 6-54　登录工商局管理后台

第二步：单击左框架中"企业申请项目"下的"企业注册"，右框架中将显示申请企业注册的申请记录信息，如图 6-55 所示。

第三步：单击记录信息后面的办理图标，进入办理界面，对企业的注册名称进行预审，如图 6-56 所示。

第四步：在上传材料标签下，是企业上传的材料，单击"浏览"图标，查看材料，如图 6-57 所示。

第五步：查看完材料后，单击"意见处理"图标，进入材料审批对话框，输入审批意见，如图 6-58 所示。

第六步：选择材料审批结果，输入审批意见，单击"确定"按钮。

第七步：返回图 6-56 所示界面，单击"提交"按钮，系统提示审核成功，如图 6-59 所示。

图 6-55　企业注册受理信息界面

图 6-56　企业名称预审界面

第八步：单击"确定"按钮，名称预审成功，进入下一个审批流程。

图 6-57　查看企业注册资料

图 6-58　输入审批意见

3. 提交企业基本信息

本部分实验要求实验者模拟申请企业提交相关的申请材料。

第一步：以企业角色登录系统，选择要模拟的角色。单击"后台登入"登录企业管理界面，如图 6-60 所示。

图 6-59 系统提示

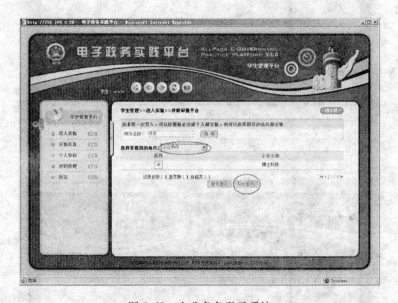

图 6-60 企业角色登录系统

第二步：单击左框架中的"企业注册"，右框架中显示企业注册信息，如图 6-61 所示。

第三步：单击记录信息后面的"事件处理"，进入企业基本信息设置界面，如图 6-62 所示。

第四步：输入企业基本信息，单击"保存"按钮。

4. 政府行政部门对企业的注册申请进行预审

本部分实验要求实验者模拟政府行政部门对企业的注册申请进行预审处理。

图 6-61　企业注册信息

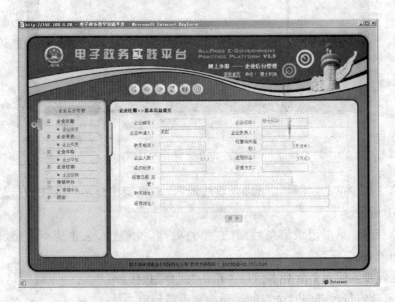

图 6-62　企业基本信息设置界面

第一步：以工商局角色登录工商局后台，如图 6-63 所示。

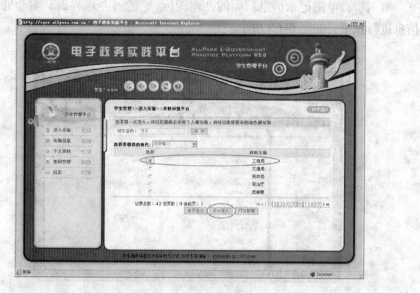

图 6-63　登录工商局后台

第二步：单击左框架中"企业申请项目"下的"企业注册"，右框架中将显示企业的注册申请记录信息，如图 6-64 所示。

图 6-64　企业注册申请记录信息

209

第三步：单击记录信息后面的办理图标✍，进入办理界面，对企业的基本信息进行预审，如图 6-65 所示。

图 6-65　企业基本信息预审界面

第四步：在"公司信息"标签下，查看企业的基本信息资料，如图 6-66 所示。

图 6-66　查看企业基本信息资料

　　第五步：查看企业基本资料后，输入审批意见，选择是否需要前置审批，如图 6-67 所示。

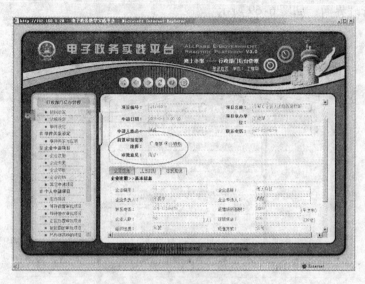

图 6-67　输入审批意见

　　第六步：单击"提交"按钮，审批进入下一个审批点，如图 6-68 所示。

图 6-68　进入下一个审批点

211

5. 企业提交《公司设定登记书》

第一步：以企业角色登录系统，选择要模拟的角色。单击"后台登入"登录企业管理界面，如图 6-69 所示。

图 6-69　企业管理界面

第二步：单击左框架中的"企业注册"，右框架中将显示企业注册信息，如图 6-70 所示。

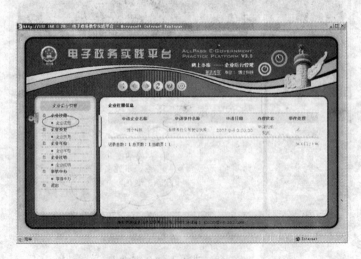

图 6-70　企业注册信息

第三步：单击记录信息后面的"事件处理"图标，进入单位信息设置界面，如图 6-71 所示。

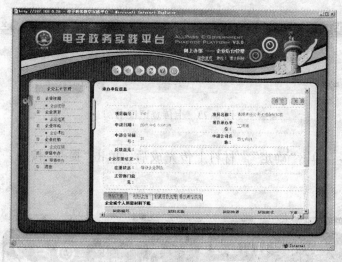

图 6-71　单位信息设置界面

第四步：在"表格下载"标签下，单击《公司设立登记申请书》后的"下载"图标下载登记申请书，如图 6-72 所示。

图 6-72　下载《公司设立登记申请书》

第五步：将下载的《公司设定登记书》填写好。在"材料上传"标签下，单击"上传"按钮，将登记证书提交，如图6-73所示。

图6-73　上传登记证书

第六步：单击"确定"。材料上传完成后，单击"提交"按钮，如图6-74所示。

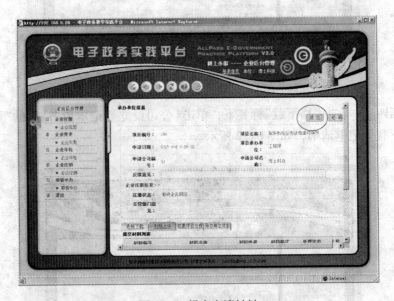

图6-74　提交申请材料

6. 政府行政部门对企业的注册申请进行最终审核

本部分实验要求实验者模拟政府行政部门对企业的注册申请进行最终审核处理。

第一步：以工商局角色登录工商局后台，进入办理界面，对企业注册进行最终审核，如图6-75所示。

图 6-75　企业注册最终审核界面

第二步：在"上传材料"标签下，单击登记申请书后面的"浏览"按钮，可以查看企业上交的登记申请书，如图 6-76 所示。

图 6-76　查看企业的登记申请书

215

第三步：查看完申请书后，单击记录信息后面的"意见处理"按钮，如图 6-77 所示。

图 6-77　意见处理界面

第四步：选择审批结果，输入审核意见，如图 6-78 所示。

图 6-78　输入审核意见

第五步：单击"确定"按钮，在审核主界面选择审批结果，输入审批意见，如图 6-79 所示。

图 6-79　审核主界面

第六步：单击"提交"按钮，系统提示申请成功。

第七步：单击"确定"按钮，企业注册受理界面中的企业注册记录消失，如图 6-80 所示。

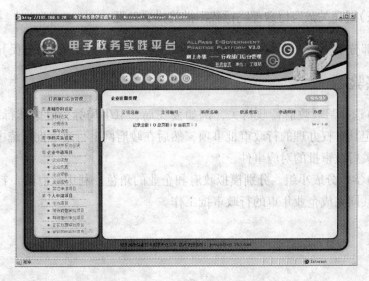

图 6-80　企业注册受理界面

第八步：以企业身份登入后台，在企业注册信息界面中会看到，申请的状态发生了变化，如图6-81所示。

图6-81　企业注册信息界面

(三)对有关政府行政部门行政审批的投诉处理

本部分实验步骤请参见第五章第二节"实验2：行政审批(对公民)"。

四、实验题

(1)选择某一政府行政机关，例如公安局、卫生局等，根据其行政职能，首先确定其有权办理的行政审批事项，然后在政府网上行政审批系统中设定该机关有关行政审批的对应事件。

(2)学生分成小组，分别模拟政府和企业的角色，利用政府网上行政审批系统，共同完成企业年审的行政审批工作。

第七章 政府网站建设

第一节 实验 1：网页布局设计

一、实验目的和要求

通过本部分实验，使实验者全面了解网页布局设计对于提高政府网站的可用性、易用性以及网站信息资源的整合所起的重要作用。实验者通过掌握网页布局设计的基本概念、基本类型和原则方法，结合实际，对我国当前政府网站建设在网页布局方面的问题进行调查研究，并提出改进的方案。

二、实验内容

（1）了解网页布局设计的基本概念。
（2）了解网页布局设计的基本类型。
（3）掌握网页布局设计的基本方法。

三、实验说明

本部分实验需要实验者在掌握网页布局设计的基本知识和方法之后，结合实际，选取具体的政府网站进行调查研究，并提出改进的方案。因此本部分实验不涉及具体的实验操作，而是向实验者提供网页布局设计的基本知识和方法，然后由实验者自主完成实验。有关网页布局设计的基本知识和方法如下：

（一）网页布局设计的基本概念

任何一个网站所提供的信息和服务都是通过若干网页呈现给用户，网页所承载的信息和服务内容是一个网站的灵魂所在。虽然网页的内容很重要，但只有当网页布局和网页内容成功结合时，这种网页才会是受用户喜欢的。一个布局良好的网页，可以提升用户的浏览兴趣，清晰准确地表达网页的内容主题，并能帮助用户快捷方便地获取其所需要的信息和服务。要想做好网页布局设计，应了解以下基本概念。

1. 页面尺寸

由于页面尺寸和显示器大小及分辨率有关系，网页的局限性就在于无法突破显示器的显示范围，而且因为网页浏览器也将占去不少空间，所以最终显示在用户面前的页面范围将会更小。一般分辨率在 800×600 的情况下，页面的显示尺寸为 780×428 个像素；分辨率在 640×480 的情况下，页面的显示尺寸为 620×311 个像素；分辨率在 1024×768 的情况下，页面的显示尺寸为 1007×600 个像素。从以上数据可以看出，分辨率越高，页面尺寸越大。

网页浏览器的工具栏也是影响页面尺寸的原因。目前一般网页浏览器的工具栏都可以取消或者增加，那么当显示全部的工具栏时和关闭全部工具栏时，页面的尺寸是不一样的。

因此，在网页设计的过程中，向下拖动页面是唯一给网页增加更多内容的方法。但需要注意的是，除非确定能让网站的内容能吸引用户不断拖动网页，否则不要让用户拖动网页页面超过三屏。如果需要在同一页面显示超过三屏的内容，那么最好能在网页上做页面内部链接，以方便用户浏览。

2. 网页整体造型

什么是造型？造型就是创造出来的物体形象。这里是指页面的整体形象，这种形象应该是一个整体，图形与文本的接合应该是层叠有序。虽然显示器和浏览器都是矩形，但对于页面的造型，可以充分运用自然界中的其他形状以及它们的组合：矩形、圆形、三角形、菱形等。

不同的形状所代表的意义是不同的，例如：矩形代表着正式、规则，许多 ICP 和政府网页都是以矩形为整体造型；圆形代表着柔和、团结、温暖、安全等，许多时尚站点喜欢以圆形为页面整体造型；三角形代表着力量、权威、牢固等，许多大型的商业站点为显示它的权威性常以三角形为页面整体造型；菱形代表着平衡、协调、公平，一些交友站点常运用菱形作为页面整体造型。虽然不同形状代表着不同意义，但目前的网页制作多数是结合多个图形加以设计，在这其中某种图形的构图比例可能占得多一些。

3. 网页页头

页头又可称之为页眉，页眉的作用是定义页面的主题。一个站点的名字多数都显示在页眉里,这样,访问者能很快知道这个站点是什么内容。页头是整个页面设计的关键,它将牵涉到下面的更多设计和整个页面的协调性。页头通常放置站点名字的图片和组织机构标志以及旗帜广告。

4. 网页文本

文本在页面中多数以行或者块(段落)出现,它们的摆放位置决定着整个页面布局的可视性。过去因为页面制作技术的局限,文本放置位置的灵活性非常小,而随着 DHTML 的兴起,文本已经可以按照设计者的需要放置到页面的任何位置。

5. 网页页脚

页头是放置站点主题的地方,而页脚是放置制作者或者机构信息的地方;在网页布局设计时要做到页脚和页头相呼应。

6. 网页图片

图片和文本是网页的两大构成元素,缺一不可。如何处理好图片和文本的位置是整个页面布局的关键,而网站设计者的布局思维也将在这里体现。

7. 多媒体

除了文本和图片,还有声音、动画、视频等其他媒体形式。虽然它们不是经常能被利用到,但随着动态网页的兴起,它们在网页布局上也将变得更重要。①

(二)网页布局设计的基本类型

网页布局设计大致可分为"国"字型、拐角型、标题正文型、左右框架型、上下框架型、综合框架型、封面型、Flash 型、变化型,② 下面分别论述。

1. "国"字型

也可以称为"同"字型,是一些大型网站所喜欢的类型,即最上面是网站的标题以及横幅广告条,接下来就是网站的主要内容,左右分列两列小条内容,中间是主要部分,与左右一起罗列到底,最下面是网站的一些基本信息、联系方式、版权声明等。这种结构是我们在网上最常见的一种结构类型。

---

① IT 部落网. 设计时如何把握网页布局[EB/OL]. [2009-04-05]. http://edu. itbulo. com/200604/96738. htm.

② 网页设计大本营. 网页布局理念[EB/OL]. [2009-04-05]. http://www. code-123. com/html/2008715112438-7247495. html.

2. 拐角型

这种结构与上一种其实只是形式上的区别，拐角型网页通常在网页上面是标题及广告横幅，接下来的左侧是一窄列链接等，右列是很宽的正文，下面也是一些网站的辅助信息。在这种类型中，一种很常见的形式是页面最上面是标题及广告，页面左侧是导航链接。

3. 标题正文型

这种类型的网页通常在页面最上面是标题或类似的一些东西，下面是正文，比如一些文章页面或注册页面等就属于这种类型。

4. 左右框架型

这是一种左右分为两页的框架结构，一般左侧是导航链接，有时最上面会有一个小的标题或标识，右侧是正文。我们见到的大部分大型论坛都是这种结构，有一些企业网站也喜欢采用。这种类型结构非常清晰、一目了然。

5. 上下框架型

与左右框架型类似，区别仅仅在于它是一种上下分为两页的框架。

6. 综合框架型

它是以上两种结构的结合，是一种相对复杂的框架结构，较为常见的是类似于"拐角型"的布局，只是采用了框架结构。

7. 封面型

这种类型基本上出现在一些网站的首页，大部分为一些精美的平面设计结合一些小的动画，放上几个简单的链接或者仅仅是一个"进入"的链接甚至直接在首页的图片上做链接而没有任何提示。这种类型大部分出现在企业网站和个人主页，如果处理得好，会给人带来赏心悦目的感觉。

8. Flash 型

其实这与封面型结构是类似的，只是这种类型采用了目前非常流行的 Flash；与封面型不同的是，由于 Flash 强大的功能，页面所表达的信息更丰富，其视觉效果及听觉效果如果处理得当，绝不差于传统的多媒体。

(三)网页布局设计的基本方法

1. 在整个站点中重复实现某些页面设计风格

重复的成分可能是某种字体、标题 Logo、导航菜单、页面的空白边设置、贯穿页面的特定厚度的线条等。

颜色作为重复成分也很有用，例如为所有标题设置某种颜色，或者在标题背后使用精细的背景。

2. 用对比来吸引用户的注意力

通过对比来抓住用户的注意力，例如，可以让标题在黑色背景上反白，并且用大的粗体字（比如黑体），这就会与标题下面的普通字体（比如宋体）形成对比。另一个对比设计方法是在某段文本的背后使用一种背景色。

3. 留白

在文本周围留出空白以便用户阅读，使布局更优美。满屏幕密密麻麻的字会让人头晕眼花，适当地留出边距及行距，会让用户阅读变得轻松些。

4. 保持简单

在做网页时，要避免只是为了试验一种技术或新技巧而采用它们，把会使人分心的东西减到最少。不要期望用户会下载插件，很多用户会因此转到别的网站去。应该将注意力集中在提供信息方面，而不是使页面看起来令人惊叹而信息却被淹没在动画、闪烁的文本和其他花哨的迷雾里。

5. 尽量避免滚动

用户在浏览新页面时，常常大致扫一眼页面的内容区域，而不理会导航菜单条。如果页面看起来和用户的需要无关，那么两三秒后用户就会点击"后退"按钮。因此，网页页面的设计要尽量避免过多滚动。

6. 不要使用闪烁的文本

除了在一些极其少见的情况下，闪烁的文本会使用户厌烦。动画文本也是这样的，一定要非常有节制地使用。

7. 尝试使用文本的布局协助导航

如果一个网页的页面里包含几十个链接，那么，就要把这些链接分类，并且用不同的标题和颜色块来区分它们。

8. 以用户需求为中心设计网页

哪种人会访问这个站点？他们为什么要来访问，他们的主要知识背景是什么？页面的设计和布局需要反映这些群体的不同需求。

9. 使用页面布局突出人们将要寻找的标题

一旦了解了用户群体的需要，就可以分析出他们最希望看到的标题，并且利用页面布局使这些标题突出出来。当然，进行用户调查是掌握用户所关心内容的良好方法。

四、实验题

(1)通过因特网考察 3 个国外政府网站,分析其网站布局设计的特点,总结其成功之处,并指出不足。

(2)考察国内省、市、县等不同层级的政府网站,选择某个特定政府网站,深入分析其网站布局设计的特点,总结其可取之处,并对其不足提出改进方案。

第二节 实验 2:网页配色设计

一、实验目的和要求

通过本部分实验,使实验者全面了解网页配色对于提高政府网站的吸引力,加强政府与公众的沟通所起的重要作用。实验者通过掌握网页配色的基本原则、网页配色的设计方法以及色彩搭配的基本知识,结合实际,对我国当前政府网站建设在网页配色方面的问题进行调查研究,并提出改进的方案。

二、实验内容

(1)了解色彩的基础知识。
(2)了解网页配色设计的基本原则。
(3)掌握网页配色的设计方法。

三、实验说明

本部分实验需要实验者在掌握网页配色的基本知识和方法之后,结合实际,选取具体的政府网站进行调查研究,并提出改进的方案。因此本部分实验不涉及具体的实验操作,而是向实验者提供网页配色的基本知识和方法,然后由实验者自主完成实验。

(一)色彩基础知识

色彩对于事物的表现能力有着其他形式无法比拟的超强效果。在我们的生活里,色彩无所不在,它是构成我们生活环境的重要组成部分。可以说我们对每一件事物的认知,都是从色彩与形状开始的。我们也在用色彩创造丰富的视觉空间，用色彩的"语言"与社会进行沟通。

1．光与色

人们能看到的颜色是靠三种元素相互作用而成的：光源、物体的反射特性以及人体视网膜和脑部视觉皮质区对光波的处理方式。

在17世纪末，牛顿证明了色彩并非存在于物体本身，而是光作用的结果，且只要将可视光谱上的长短光波结合起来即可形成白光。这些可视光的波长可对应七个不同的颜色：红、橙、黄、绿、蓝、靛、紫。人之所以能够看到色彩，是因为人对眼睛视网膜接收到的光作出反应，在大脑中产生出某种感觉。众所周知，我们所见到的大部分物体是不发光的，如果在黑暗的夜里，或者说在没有光照的条件下，这些物体是不能被人们看见的，更不可能知道它们各是什么颜色。人们之所以能看见色彩，是因为来自发光光源，如太阳、电灯光、烛光、火光等；或是发光光源的反射光，即发光光源照射在非发光物体上所反射的光，如月亮、建筑墙面、地面等，再散射到被观察物体上所致。由此可见，光和色是分不开的，光是色的先决条件，反映到人们视觉中的色彩其实是一种光色感觉。

2．色彩的三要素

我们所看到的色彩世界，千差万别，几乎没有相同的色彩，只要我们注意就能辨别出许多不同的色彩。现实生活中的色彩可以分为彩色和非彩色，其中黑、白、灰属于非彩色系列，其他的色彩都属于彩色。任何一种彩色都具备三个特征：明度、色相和纯度，而非彩色只有明度属性。我们通常把明度、色相、纯度称为色彩的三要素。

（1）明度。明度指色彩的明暗程度，它是全部色彩都具有的属性，它最适于表现物体的立体感与空间感。明度关系是搭配色彩的基础，颜色搭配一般以明度关系为指导原则，如：白颜料属于反射率相当高的物体，在其他颜料中混入白色，可以提高混合色的反射率，也就是说提高了混合色的明度。混入白色越多，明度提高得越高。相反，黑颜料属于反射率极低的物体，在其他颜料中混入黑色越多，明度降低得越多。

明度在色彩三要素中具有较强的独立性，它可以不带任何色相的特征而通过黑、白、灰的关系单独呈现出来。色相与纯度则必须依赖一定的明暗才能显现，色彩一旦发生，明暗关系就会出现。我们可以把这种抽象出来的明度关系看做色彩的骨骼，它是色彩结构的关键。

（2）色相。色相指色彩的相貌，是区别色彩种类的名称。它是根据该色光波长划分的，只要色彩的波长相同，色相就相同；波长不同才产生色相的差别。红、橙、黄、绿、蓝、靛、紫等每个字都代表一类具体的色相，它们之间的差别就属于色相差别。

如果说明度是色彩的骨骼，色相就是色彩外表的华美肌肤。色相体现着色彩外向的性格，是色彩的灵魂。

（3）纯度。纯度又称彩度或饱和度，它指的是色彩的鲜浊程度。混入白色，鲜艳度降低，明度提高；混入黑色，鲜艳度降低，明度变暗；混入明度相同的中性灰时，纯度降低，明度没有改变。不同的色相不但明度不等，纯度也不相等。纯度最高为红色，黄色纯度也较高，绿色纯度为红色的一半左右。

纯度体现了色彩内向的品格。对于同一色相而言，即使纯度发生了细微的变化，也会立即带来色彩性格的变化。

3. 色彩的心理感觉

不同波长色彩的光信息作用于人的视觉器官，通过视觉神经传入大脑后，经过思维，与以往的记忆及经验产生联想，从而形成一系列的色彩心理反应。

（1）色彩的冷、暖感。色彩本身并无冷暖的温度差别，是视觉色彩引起人们对冷暖感觉的心理联想。

暖色：人们见到红、红橙、橙、黄橙、红紫等色后，马上联想到太阳、火焰、热血等物像，产生温暖、热烈、危险等感觉。冷色：人们见到蓝、蓝紫、蓝绿等色后，则很容易联想到太空、冰雪、海洋等物像，产生寒冷、理智、平静等感觉。

（2）色彩的轻、重感。这主要与色彩的明度有关。明度高的色彩容易使人联想到蓝天、白云、彩霞、花卉以及棉花、羊毛等，让人产生轻柔、飘浮、上升、敏捷、灵活等感觉。明度低的色彩容易使人联想到钢铁、大理石等物品，产生沉重、稳定、降落等感觉。

（3）色彩的软、硬感。其感觉主要也来自色彩的明度，但与纯度亦有一定的关系。明度越高感觉越软，明度越低则感觉越硬。明度高、纯度低的色彩有软感，中纯度的色彩也呈柔感，因为它们容易使人联想起骆驼、狐狸、猫、狗等动物的皮毛，还有毛呢、绒织物等。高纯度和低明度的色彩都呈硬感，明度越低则硬感更明显。色相与色彩的软、硬感几乎无关。

（4）色彩的前、后感。由各种不同波长的色彩在人眼视网膜上的成像有前后，红、橙等光波长的色彩在后面成像，感觉比较迫近；蓝、紫等光波短的色彩则在外侧成像，在同样距离内感觉就比较靠后。实际上这是视错觉的一种现象，一般暖色、纯色、高明度色、强烈对比色、大面积色、集中色等有前进感觉；冷色、浊色、低明度色、弱对比色、小面积色、分散色等有后退感觉。

（5）色彩的大、小感。由于色彩有前后的感觉，因而暖色、高明度色有扩大、膨胀感，冷色、低明度色有显小、收缩感。

（6）色彩的华丽、质朴感。色彩的三要素对华丽及质朴感都有影响，其中纯度关系最大。明度高、纯度高的色彩，丰富、强对比的色彩感觉华丽、辉煌；明度低、纯度低的色彩，单纯、弱对比的色彩感觉质朴、古雅。但无论何种色彩，如果带上光泽，都能获得华丽的效果。

（7）色彩的活泼、庄重感。暖色、高纯度色、丰富多彩色、强对比色感觉跳跃、活泼有朝气；冷色、低纯度色、低明度色感觉庄重、严肃。

（8）色彩的兴奋与沉静感。其影响最明显的是色相，红、橙、黄等鲜艳而明亮的色彩给人以兴奋感；蓝、蓝绿、蓝紫等色彩使人感到沉着、平静。绿和紫为中性色，没有这种感觉。明度、纯度的关系对人的兴奋、沉静感的影响也很大，高明度、高纯度的色彩呈兴奋感，低明度、低纯度的色彩呈沉静感。①

（9）颜色的表情。色彩可以表达情感是因为人们长期生活在色彩的世界中，积累了许多视觉经验，当视觉经验与外来色彩的刺激产生呼应时，就会在心理上引出某种情绪；不同的色彩会给人带来不同的心理感觉。

（二）网页配色设计的基本原则

无论是平面设计，还是网页设计，色彩永远是最重要的一环。当我们距离显示屏较远的时候，我们看到的不是优美的版式或者是美丽的图片，而是网页的色彩。色彩是人的视觉最敏感的东西。网页的色彩处理得好，可以锦上添花，达到事半功倍的效果。在设计网页配色时，应遵循以下基本原则。

1. 色彩的鲜明性与独特性相结合

无论是网站首页或者是其他网页，其配色都应该做到鲜明统一，在色彩的选择上要吸引用户的注意，并能给用户留下深刻的印象。同时，网页的配色要体现网站的特点，突出网站的个性，要和网站的性质以及网站所提供的信息和服务的内容相协调。

2. 色彩搭配的总体协调与局部对比相结合

一般而言，一个制作良好的网页要由几种颜色搭配而成。网页颜色的搭配

---

① 毛静编. 色彩感情［EB/OL］.［2009-04-05］. http://www.secaixue.com/psychology/444.html.

整体效果应和谐统一，给人在视觉上以协调、舒适的感觉。但有时为了突出网站上某一区域，可以在网站局部、小范围的地方让色彩有一些强烈的对比。这样的局部色彩对比，不但可以避免网页色彩显得过于单调，也可以保持网页的整体风格。网页配色的"局部对比"通常用于网页导航栏部分的菜单按钮。通过使用鲜艳亮丽的颜色，可以吸引用户注意，从而起到导航菜单的作用。

3. 色彩搭配的艺术性与合理性相结合

网站设计不仅是一项技术工作，同时也是一种具有艺术性活动。因此，网页配色必须遵循艺术规律，按照内容决定形式的原则，在考虑网站本身特点的同时，大胆进行艺术创新，设计出既符合网站要求，又具有一定艺术特色的网站。当然在注重网页配色艺术性的同时，还应注意色彩搭配的合理性；特别是对于政府网站的配色而言，要和政府网站的性质相吻合，而不能一味追求标新立异的艺术效果。

(三)网页配色的设计方法

1. 基于色相的配色设计方法

(1)相同色相配色。相同色相配色，主要靠色彩的明度深浅变化来进行色彩搭配。由于相同色相只有一种颜色的变化，所以给人以协调、稳定、柔和的感觉。使用相同色相配色方案时，主要是色相的明度控制，差别太小的明度变化，会使色彩效果显得比较稳定、统一，但同时也显得比较单调、阴沉；差别很大的明度变化，会使色彩效果显得比较活泼、清爽，但同时也显得落差较大而不协调。为了避免这种现象，需要在明度、锐度变化上做较为细致的处理。

(2)类似色相配色。类似色相配色的方法是在同一色相中使用相近色彩搭配，例如红色搭配橙色、紫红色，蓝色搭配蓝紫色、紫色等。类似色相的配色效果，一般都给人一种甘美、清雅、和谐的享受，很容易产生浪漫、柔和、唯美、共鸣的视觉感受。

(3)相反色相配色。搭配使用色相环中相距较远颜色的配色方案就是相反色相配色。这种配色方案因为采用了相反的色相和色调，其配色角度大、距离远、颜色差异大，所以得到的效果具有强烈的变化感。使用这种配色方案时需要注意：尽量不用采用相反色相的高纯颜色进行搭配，这样会使人产生刺眼的感觉。

2. 基于色调的配色方法

对于网页配色而言，色调不是指颜色的性质，而是对一幅网页整体颜色的概括评价。色调是指网页色彩外观的基本倾向，如一幅网页虽然采用了多种颜色，但总体有一种色调，偏蓝或偏红，偏暖或偏冷，等等。如果网页没有一个统一的色调，就会显得杂乱无章。在明度、纯度、色相这三个要素中，某种因素起主导作用，我们就称之为某种色调。

（1）相同色调配色。选择同一色调、不同色相的配色方案，称为相同色调配色。这种配色方案可以让页面更富有变化，而且相同的色调可以给人网页色彩统一的感觉。当使用比较明亮的色调时，会呈现柔和、清新的感觉；当使用比较黯淡的色调时，则呈现一种沉稳、安定的感觉。

（2）类似色调配色。选择类似基准色调和色相的配色方案，称为类似色调配色。这种配色方案应为同时使用类似色调和色相的配色，所以能够营造出很强烈的统一、整齐、和谐的感觉。

（3）相反色调配色。选择与基准色相相反色调的配色方案，称为相反色调配色。这种配色方案主要使用同一或类似色相的相反色调，可以在保持整齐、协调的基础上更好地突出局部效果。①

3. 网页背景和文字的颜色要协调

对于网页设计的初学者可能更习惯于使用一些漂亮的图片作为自己网页的背景，但是浏览一下做得成功的网站，就会发现他们更多运用的是白色、蓝色、黄色等，使网页显得典雅、大方和温馨。更重要的是，这样可以大大加快浏览者打开网页的速度。

一般来说，网页的背景色应该柔和一些、素一些、淡一些，再配上深色的文字，使人看起来自然、舒畅。而为了追求醒目的视觉效果，可以为标题使用较深的颜色。总之，背景和前文的对比尽量要大，尽量不要用花纹繁复的图案作背景，以便突出主要文字内容。

4. 尽量使用网页安全色

网页中的颜色会受到各种不同环境的影响，即使网页使用了非常合理、非常漂亮的配色方案，但是如果每个人浏览的时候看到的效果都各不相同，那么你的配色方案的意愿就不能够非常好地传达给浏览者。例如，用户通过计算机浏览网页时，由于不同浏览工具内置的调色板不一定都相同，所以使用不同浏览工具所浏览的网页颜色效果也可能不一样。为了避免此类问题的发生，设计

---

① 刘霆雨. 别具光芒——Dreamweaver + Photoshop 效果图设计与网页实现［M］. 北京：人民邮电出版社，2008.

网页时最好能够使用安全色来配色。

网页安全色是指在不同的硬件环境、操作系统、浏览器中都能够正常显示的颜色集合，也就是说这些颜色在任何终端浏览用户显示设备上的显示效果都是相同的。网页安全色共有216种，使用这些网页安全色进行网页配色可以有效避免网页颜色失真的问题。

5. 考虑整体色系

简单地说就是使用同一种感觉的色彩，例如淡蓝、淡黄、淡绿搭配；或者土黄、土灰、土蓝搭配。不要将所有颜色都用到，尽量控制在三种颜色以内。

6. 善用色彩的调和

在网页配色时，通常会使用几种颜色。当两种或两种以上的颜色在一起显得不协调时，就需要在它们中间插入几个近似色，让它们出现层次渐变的效果，这就是色彩的调和。采用色彩调和的方法，可以使网页避免色彩杂乱，达到页面和谐统一的效果。

7. 善用色彩的对比

色彩的对比是突出重点、产生强烈的视觉效果的一种常用方法。在进行网页配色时，通过合理进行对比色的搭配使用，可以起到突出重点的作用。不过需要注意的是，这种色彩的对比不能过多，范围不能过大，最后以一种颜色为主色调，然后将其他对比色作为点缀，即可起到画龙点睛的作用。

四、实验题

(1) 通过因特网考察3个国外政府网站，分析其网站配色的特点，总结其可供借鉴的成功经验。

(2) 考察国内省、市、县等不同层级的政府网站，选择某个特定政府网站，深入分析其网站配色设计的特点，并针对其不足之处提出改进方案。

第三节　实验3：中外政府网站建设比较

一、实验目的和要求

通过本部分实验，使实验者全面了解中外政府网站建设的现状和不同特点。实验者通过对中外政府网站在页面设计、功能模块、信息资源的丰富程度、信息资源的分类与整合情况、信息检索的效果、公共服务的程度等方面的调研，总结优秀网站的成功经验，并对我国当前政府网站建设中存在的问题提出改进方案。

二、实验内容

（1）对电子政务建设比较成功的国家的政府网站进行调研，总结其成功经验及可供借鉴之处。

（2）对我国中央、省、市、县等各级政府网站进行调研，了解我国政府网站建设的现状、存在的问题以及值得推广的成功经验。

三、实验预备知识

（一）美国政府网站建设特点

1. 在体系结构上，形成了完整开放的政府门户网站体系

目前美国政府网站多达2万多个，从联邦到地方、各级政府及其相应的政府部门，都建有自己的网站，而且内容非常丰富，页面数量多达几千万，其内容涵盖了有关市民、企业和政府之间的信息和服务，也包括各种公开的统计数据。所以，美国现在已经形成了一个比较完整、开放的政府门户网站体系。

2. 在网站设计上，体现了简洁实用的特点

以美国联邦政府门户网站为例，在网站配色选择上，基本上以美国国旗蓝色和红色为基色，其他少数几种颜色进行配合；在字体选择上，只选择少数几种字形。网站的总体设计简洁并具有鲜明的美国特色。

除了在网页配色上特点鲜明之外，美国联邦政府门户网站在版面布局上充分体现了"用户至上"的理念。它按照服务对象、信息内容、服务类别等不同的分类方式，为用户提供了多种检索途径，使用户可以很容易就找到自己所需要的信息与服务。①

3. 在网站内容安排上，实现了海量信息的优化聚合、细致分类

一个国家各种各样的信息，绝大多数都掌握在政府的手中，为了使这些信息能够尽量发挥效用，各国政府都希望利用政府网站这个平台来向公众提供信息。但是面对海量的政府信息，如果政府网站不能很好地进行整合分类，那么

---

① 杨冰之. 美国政府门户网站的设计特点及启示［EB/OL］.［2003-02-14］. http://tech. sina. com. cn/i/w/2003-02-14/1025165398. shtml.

用户想要准确、方便地利用这些信息将会非常困难。而美国的政府网站在这方面就做得比较好，美国政府网站信息分类的标准非常合理，逻辑比较清晰，而且类目也很细致，让人一目了然，很方便用户去搜寻自己需要的信息和服务。以美国联邦政府门户网站的"面向公众"栏目为例，该栏目包括了资讯信息和在线服务两大部分。资讯信息围绕主题类别将相关资源整合为14类；在线服务包括了100项，使用了三种不同的组织形式：按字母顺序归类排列为20类，按应用主题不同分类聚合为14类，按用户对象不同划分为27类。①

（二）英国政府网站建设特点

2007年1月10日，英国政府决定将关闭90%以上的政府网站，以简化公众获取政府信息的过程。英国政府各部门原有951个网站，英国政府决定只保留其中的26个网站，其余网站将被陆续关闭。改革后的英国政府的信息将主要通过 Directgov 和 Business Link 这两个网站提供，一些被关闭的网站的信息将被转到 Directgov 网站或其他被保留的政府网站上。

英国政府认为，采取这一措施是因为人们现在需要以更便捷的方式查找信息，而不是花费许多时间搜索大量网站。相比起很多国家功能越来越多的政府网站，英国却开始了政府网站瘦身计划。可以说，英国政府的做法是要返璞归真，讲究网站的实效，强调为百姓的服务功能。对于老百姓来说，知道在哪得到信息就行了，最好能一站式解决所有问题，他们没有兴趣流连于各个政府网站并在其间反复比较查找。而英国政府的做法，无异于给他们指明了方向，想知道什么事怎么办，什么信息怎么查，那就去那两个网站解决吧，不用在各个网站之间流连了。

（三）新加坡政府网站建设特点

1. 按照用户对象需要进行服务主题的分类，打破传统的部门服务格局

传统的政府服务通常是以政府部门为中心的，政府服务的提供是从方便政府而不是方便公众的角度来进行的。而电子政务的推行，正是要转变这种观念，要将以政府部门为中心的政府服务转向以公众为中心的政府服务，政府服务的提供要尽可能满足公众的需求。新加坡政府网站的建设充分体现了这一

---

① 姚咏，蒋腾，张少彤，张向宏. 美国政府门户网站的内容组织与资源整合［EB/OL］.［2008-04-16］. http://www.fujian.gov.cn/ztzl/zfwzjsygl/200804/20080416-6567.htm.

理念。

以用户为中心，主要表现在两个方面。第一，根据用户需求进行主题分类。新加坡政府门户网站提供的公共服务打破了传统的按照部门机构的划分来提供服务的格局，它是根据公共服务的主题来提供，这样的安排比较符合公众的思维习惯，因为公众到政府网站就是想办理与自己有关的事项，在新加坡政府门户网站，用户不需要事先弄清楚各个政府部门的业务范围，就可以很方便的获取到自己需要的政府服务。第二，在进行主题分类的基础上，还根据不同的用户类型进行用户细分，使得政府服务更具有针对性，对于用户而言，就可以更准确地获取到与自己有关的信息和服务，大大节省了时间和精力。新加坡政府门户网站按照用户需求和服务主题进行分类提供服务，提高了用户的办事效率，给用户以体贴入微的感觉，因此它具有极为良好的信誉。

2. 提高部门协调能力，联合建设政府门户网站，为用户提供"一站式"的办事服务

新加坡政府门户网站整合了各个政府部门网站的信息资源，更好地协调了各政府部门的公共服务项目，实现了"多个部门、一个政府"，从而使公众可以更方便地获取政府提供的"一站式"公共服务。也就是说公民或企业在办理网上业务时，不必再考虑要登录各政府部门的站点，分别办完各种相关手续，而是按照业务流程，一步步地在一个单一的网站上完成所有这些相关业务手续。

3. 充分整合公共资源，更好地为用户服务

(1)政府各部门和地方政府之间的服务整合。整个新加坡政府门户网站是在整合各部门、各地方政府之间的信息和服务基础上建立的。"电子公民中心"将政府机构所有能以电子方式提供的服务整合在一起，并以一揽子的方式轻松便捷地提供给全体新加坡公民。

(2)社会信息资源和服务的整合。除了新加坡政府的相关信息资源和服务外，众多的医疗机构、教育培训机构等社会资源也被整合了进来，充分发挥了新加坡政府在社会资源整合方面的优势，为满足用户对特定主题的需要创造了便利条件。例如在健康方面，在新加坡政府门户网站上，用户可以查到新加坡任意一个注册医生和诊所。

4. 广泛利用现代化技术，为用户提供多种接入方式

信息技术日益发达，现代社会的联络方式也变得更为多样化。移动办公是社会发展的一个趋势，为了更方便地服务用户，给移动用户提供更多的、及时

的、准确的信息和服务，是未来电子政府发展的方向。新加坡政府门户网站广泛利用各种现代化的信息技术，通过电话呼叫中心、因特网、智慧卡、数码电视等手段使移动办公的用户能够更方便、快捷地获取政府服务。

新加坡政府门户网站引入顾客战略，整合政府及社会的信息和服务，本着满足顾客需求的思想设置栏目，充分利用现代化的信息技术，提供多种接入渠道，使得门户网站成为政府和公民企业之间联系的桥梁，所有这一切都体现了一个真心为民的政府形象，为我国的政府门户网站建设提供了很好的思路。①

(四)中国政府网站建设现状

1. 中央政府门户网站开通，政府门户网站体系初步形成

门户网站中的"门户"，是指在"internet"的环境下，把各种应用系统、数据资源和互联网资源统一集成到通用门户之下，根据每个用户使用特点和角色的不同，形成个性化的应用界面，并通过对事件和消息的处理传输把用户有机地联系在一起。所谓政府门户网站就是由政府部门统一建立的门户网站，通过高速接入互联网实现资源共享，它是电子政务统一的对外窗口，是为公众、企业或下属单位等提供信息和服务，并使用户以最简单的操作方法方便、快速地找到自己所需要信息的主要途径。

2006 年 1 月 1 日，我国中央政府门户网站正式开通。中央政府门户网站设有中文简体版、中文繁体版和英文版，设置了政务信息区、办事服务区、互动交流区和应用功能区 4 个区域。中央政府门户网站的开通，不仅填补了我国顶级门户网站的空白，也为各级政府网站发展在建设模式、功能设置、栏目设计和内容组织等方面提供了借鉴。

2. 政府网站数量迅速增长

国务院信息化工作办公室委托赛迪顾问所做的调查显示，到 2005 年年底，我国政府域名(gov. cn)注册量达到 23752 个，政府网站达到 11995 个，分别比上年同期增长 45. 5%和 16. 9%；县级以上门户网站拥有率达到 81. 1%，比上年提高 7. 6 个百分点，其中部委、省级、地级和县级政府网站的拥有率分别为96. 1%、90. 3%、94. 9%和 77. 7%。以提高行政效率、提升服务水平为重点，各级政府网站内容不断丰富、功能不断完善。政府门户网站日益成为政务公开

---

① 马于惠，张少彤，姚咏，张向宏. 政府网站如何实现顾客战略[EB/OL]. [2006-09-04]. http://news. ciw. com. cn/specialtopic/20060904100029. shtml.

的重要窗口。

3. 政府网站"官民互动"的桥梁作用得到认可，公众参与的渠道建设受到普遍重视

例如："在2005年，民政部网站开通了"关注06民政"网上建言献策专题论坛，设立了"建立城乡社会救助体系"、"完善社会福利服务体系"等8个分论坛，广泛听取舆情民意。

4. 网上办事成为热点，在线行政审批和服务功能不断增强

例如："天津市行政审批服务网"集中了68个市级部门的615个行政审批和服务事项，公布了所有审批服务事项的办事指南，并具有实用性很强的表格下载功能，极大地方便了申请人（或单位）。网站还按照阳光透明、便民高效的原则，建立了完善的查询、咨询功能，使申请人可以随时了解申办事项的办理进度、审查状态和审批结果等最新消息。①

四、实验题

(1)选取2～3个国外的国家级政府门户网站与我国中央政府门户网站进行横向比较，分析各国国家级政府门户网站的特点，并对我国中央政府门户网站的建设提出完善建议。

(2)至少选取我国省、市、县3级政府门户网站各一个，进行横向比较。重点分析各网站的页面设计、功能模块设置、信息资源的丰富程度、信息资源的分类与整合情况、信息检索的效果、同公众的双向互动情况等方面的内容，并对我国政府门户网站建设提出改进方案。

(3)选取我国国内2～3个提供电子服务的政府网站，进行横向比较。重点考察网站的服务项目、服务便利程度、访问速度、互动情况、网站特色等方面的内容，并对我国政府网站的公共服务建设提出改进方案。

① 国务院信息化工作办公室. 中国信息化发展报告2006[M]. 北京：电子工业出版社，2006.

235

参考文献

[1] 汪玉凯. 电子政务基础知识读本[M]. 北京：电子工业出版社，2002.

[2] 王长胜. 中国电子政务发展报告 No.4[M]. 北京：社会科学文献出版社，2007.

[3] 姚国章. 电子政务基础与应用[M]. 北京：北京大学出版社，2002.

[4] 姚国章. 电子政务案例[M]. 北京：北京大学出版社，2003.

[5] 池忠仁，王浣尘. 网格化管理和信息距离理论：城市电子政务流程管理[M]. 上海：上海交通大学出版社，2008.

[6] 邵伯庆. 电子政务实验教程[M]. 北京：北京大学出版社，2005.

[7] 刘洪璐，张真继，彭志锋. 电子政务系统概论[M]. 北京：人民邮电出版社，2005.

[8] 刘洪璐，张真继等. 电子政务系统模拟实验教程[M]. 北京：电子工业出版社，2007.

[9] 国家信息安全工程技术研究中心. 电子政务总体设计与技术实现[M]. 北京：电子工业出版社，2003.

[10] 孙正兴. 电子政务原理与技术[M]. 北京：人民邮电出版社，2003.

[11] 国家标准化管理委员会，国务院信息化工作办公室. 国家电子政务标准化指南[J]（第二版，第1部分：总则）[EB/OL]. [2010-05-28]. http://www.docin.com/p-32377028.html.

[12] 刘霆雨. 别具光芒：Dreamweaver + Photoshop 效果图设计与网页实现[M]. 北京：人民邮电出版社，2008.

[13] IT 部落网. 设计时如何把握网页布局[EB/OL]. [2009-04-05]. http://edu.itbulo.com/200604/96738.htm.

[14] 网页设计大本营. 网页布局理念[EB/OL]. [2009-04-05]. http://www.code-123.com/html/200871511243887247495.html.

[15] 毛静编. 色彩感情[EB/OL]. [2009-04-05]. http://www.secaixue.com/

psychology/444. html.

[16] 杨冰之. 美国政府门户网站的设计特点及启示[EB/OL]. [2010-02-1 4]. http://tech. sina. com. cn/i/w/2003-02-14/1025165398. shtml.

[17] 姚咏，蒋腾，张少彤，张向宏. 美国政府门户网站的内容组织与资源整合[EB/OL]. [2008-04-16]. http://www. fujian. gov. cn/ztzl/zfwzjsygl/200804/20080416-65567. htm.

[18] 马于惠，张少彤，姚咏，张向宏. 政府网站如何实现顾客战略[EB/OL]. [2006-09-04]. http://news. ciw. com. cn/specialtopic/20060904100029. shtml.

[19] 国务院信息化工作办公室. 中国信息化发展报告2006. 北京：电子工业出版社，2006.

[20] 南京奥派信息技术有限责任公司. 电子政务教学实践平台操作手册，2008.